Moderne Aufsatzthemen

mit fachdidaktischen, methodischen Anregungen

zusammengestellt von
Franz Witt
und
Dr. Berthold Wiegand

Hirschgraben-Verlag · Frankfurt am Main

Bestell-Nr. 559

ISBN 3-454-55901-4
6. Auflage 1975

Umschlagentwurf: Nierhaus + Estenfelder, Frankfurt am Main
Satz · Druck · Bindearbeit: Phil. L. Fink, Groß-Gerau

Vorbemerkung

Mit dieser Schrift kann schon dem Umfange nach keine Methodik für den deutschen Aufsatz vorgelegt werden. Das ursprüngliche Konzept, eine Handreichung für die Themenwahl zu bieten, ist beibehalten, dem Arbeitsgang des Lehrers folgend, der die Auswahl der Themen nach didaktischen Zielen und methodischen Überlegungen hinsichtlich des für den Schüler Erreichbaren vornimmt. Ohne Anspruch auf Vollständigkeit sind fachdidaktische Entwürfe hinzugekommen, für die Anregung von Gestaltungsversuchen, für die Arbeit mit Materialien zur Einübung der Textanalyse und der größeren schriftlichen Arbeit. Bewährtes ist beibehalten, neue Darstellungsformen waren eingehender zu erläutern.

Wie in den Auflagen zuvor setzen wir erst jenseits dessen an, was Sprachlehren ohnehin zur Verfügung stellen; daher erübrigt sich ein Ablauf nach Klassenstufen. Die Themenvorschläge sollen Anregungen für alle allgemeinbildenden Schulen enthalten, Koedukation ist zugrunde gelegt. Die Themenvorschläge für die Sekundarstufen I und II sind wiederum erweitert. In Rezensionen der Fachzeitschriften und in Zuschriften sind uns mancherlei Anregungen zuteil geworden. Wir sind dafür dankbar und bemühen uns in dieser Neubearbeitung, sie zu verwerten. Beratung und Anregungen für die Formulierung von Themen in einigen Kapiteln dieser Schrift haben wir den Kollegen N. Greib, K. H. Garff, G. Lange, K. Öttermann, H. Seibert und H. Weiß zu danken.

An dem Kapitel „Die Bildbetrachtung“ ist Franz Hebel wesentlich beteiligt, an der Bearbeitung der 6. Auflage Günter Lange.

im September 1975 — Berthold Wiegand – Franz Witt

Inhalt

1. Aus dem Erfahrungsbereich und Gesichtskreis des Schülers

Diese Überschrift bezeichnet ein Gebiet, das von Natur her Ausgang aller Aufsatzerziehung ist, erfolgversprechend vor allem bei dem Bemühen, die Schüler(innen) für schriftliche Äußerungen zu motivieren. Das mag sich allzu hoffnungsfreudig anhören, denn seit jeher ist der deutsche Aufsatz bei den meisten unbeliebt. Vor der Zeit der Füllhalter kaute der geplagte Schüler, während sich sein Geist vergeblich um den nächsten Satz mühte, am Ende des hölzernen Federhalters. Die Schreibgeräte haben sich geändert, Mühe und Last des Aufsatzes bei allen Beteiligten, bei Schülern und Lehrern — und auch bei den Eltern — sind geblieben. Um dieses Mißbehagen zu mildern, so weit wie möglich zu überwinden, gehen wir vom Naheliegenden aus und dringen schrittweise zu dem schwerer faßbaren, aber dennoch notwendigen Gegenstand vor. Themen, die das Kind, sodann den Jugendlichen zwanglos zur Äußerung auffordern, können nur aus der Begegnung mit unseren Schülern, mit gerade dieser und nicht jener Klasse gewonnen werden.

Der situative Anreiz für die Entwicklung von Darstellungsformen

Zu Beginn des Schuljahrs sprechen wir mit der Klasse über die Unterrichtsveranstaltungen der nächsten Zeit, u. a. über die Stilformen, die in der schriftlichen Darstellung zu entwickeln sind. Im Gespräch erfolgt eine Abgrenzung dessen, was über den Bericht, die Beschreibung, die Erzählung, die Schilderung genug bekannt und was mit neuer Thematik wiederholt werden müßte. Sodann geben wir eine erste Übersicht zu gestalterischen und kognitiven Darstellungsformen, die den Schülern bisher allenfalls in Ansätzen bekannt geworden sind. Den bisher benutzten Band des Sprachbuchs und den nun folgenden ziehen wir bei diesem Einführungsgespräch heran.

Irgendeine Begebenheit im Leben der Schule bietet einen situativen Ausgangspunkt für die erwähnte Abgrenzung und den Blick auf die neuen Aufgaben. Zum Beispiel: Die Schüler haben ein Fußballspiel gegen die Parallelklasse ausgetragen. In der ersten Halbzeit bestand, von einigen Regelwidrigkeiten abgesehen, die im Eifer geschahen, Eintracht zwischen den Mannschaften. Nach dem Seitenwechsel aber — in der Folge einer strittigen Torentscheidung — kam es zu handfesten Verstößen gegen die Fairneß, zu wechselseitigem Rempeln in der zornigen Überzeugung, die anderen hätten angefangen. Der Schiedsrichter brach das Spiel schließlich ab, und so endete ein Unternehmen, dem sie mit Vorfreude und Eifer entgegengesehen hatten, in einer allgemeinen Verärgerung.

Bei nächster Gelegenheit diskutieren wir diesen Vorfall in der Klasse, nachdem zunächst einmal der Sachverhalt geklärt worden ist. Die heftigen Vorwürfe gegen die andere Mannschaft treten bald zurück, zumal zwei Drittel der Schüler als Zuschauer mitreden. Aus dem Gespräch ergeben sich Fragen über den Sinn einer solchen Unternehmung, über das Verhalten zueinander. Je besser es gelingt, die Angelegenheit schon im Bericht zu versachlichen, um so weniger wird ein Moralisieren daraus, und es müßten sich Einsichten einstellen, die vielleicht auch bei nächster Gelegenheit angewendet werden können. Solche Einsichten entsprechen auch dem Verlangen des jungen Menschen nach dem Unbedingten. Die Spielregel, zu der er sich äußert, läßt ja auch nur den Wert, nicht den Unwert gelten.

In der Auswertung dieser situativen Gegebenheiten werden die Unterschiede zwischen folgenden Darstellungs- bzw. Stilformen deutlich; entsprechend läßt sich die jeweilige Redeabsicht erfassen:

1. Es werden Berichte über den Ablauf des Spiels gegeben
   a) aus der Sicht der Aktiven,
   b) aus der Sicht der Zuschauer.
2. Einzelne Phasen des Spiels, Auftreten und Handlungsweise einzelner Spieler werden ausführlicher geschildert, einige Spielzüge beschrieben.
3. Die kritischen Stellungnahmen zu diesem Spiel eröffnen den Weg zur Reflexion, zum Abwägen der Standpunkte, zur Erörterung eines den Sport betreffenden Themas.

Auf Fahrt und auf Reisen

Wir hüten uns davor, gewohnheitsmäßig über den letzten Ausflug schreiben zu lassen oder nach den Sommerferien ein allgemeingehaltenes Thema wie „Meine Sommerreise" zu stellen. In den vorbereitenden Gesprächen beziehen wir uns auf die Darstellungsformen dieser Stufe (Sprachbuch!) und stellen, wenn nötig, Wiederholungen an. So wissen die Schüler, daß sie bei der Erzählung in einem zeitlichen Ablauf mancherlei Begebenheiten, Begegnungen und Eindrücke aufzeichnen, während es bei der Schilderung darauf ankommt, ein Motiv möglichst eingehend und farbig aus dem nahen Erleben zu erfassen. Geklärt ist auch, daß die Erzählung schildernde Elemente enthält, die aber in einen Fortgang eingebettet sind[1]. Beim Einüben dieser Darstellungsformen kostet es schon einige Mühe, Mädchen wie Jungen vom bloßen Ablauf einer Reise oder Klassenfahrt, Zeit und Ortsangaben, gewohnheitsmäßigen Beiwörtern und dergleichen abzubringen. Auch hierbei hilft die situative Motivation, indem wir die Klasse auf eine Redeabsicht einstellen. Bei dem Austausch von Ferien- und Fahrtenerlebnissen geht es darum, den anderen etwas mitzuteilen, was diese auch wirklich interessiert, und das läßt sich mit langweiligen Aufzählungen nicht bewerkstelligen. Innerhalb eines Rahmenthemas sollte man genug Spielraum geben, um die Freude an solch kleiner Schriftstellerei zu wecken; so sind auch die nachfolgenden Themenvorschläge zu verstehen:

[1] Vgl. hierzu die Kapitel „Von der Beschreibung zur Schilderung" und „Erzählung und Schilderung" in dem Sprachbuch „Wort und Sinn", Band 3 (Verlag F. Schöningh) und die Teile „Erzählen und Schreiben" in dem Lese- und Arbeitsbuch „Lesen Darstellen Begreifen" Bd. 5—10 (Hirschgraben-Verlag).

Erzählen
Eine Kraxeltour in den Bergen
Mit den Krabbenfängern auf See
Aufbau des Familien-(Sommerlager- usw.)zeltes
Ein Tag am Meer bei schönem (schlechtem) Wetter
Der erste Tag auf dem Campingplatz
Campingfreuden und -leiden
In den Ruinen einer Römerstadt

Bei solchen Arbeiten können Tagebuchblätter verwendet werden, eine Möglichkeit, die vor allem bei Klassenfahrten zu erproben wäre.

Beschreiben
Aufbau eines Zeltes
Anlage einer Kochstelle
Arbeitsteilung auf dem Campingplatz
Ein Arbeitsablauf in meinem Ferienjob
Beschreibung einer seltenen Pflanze
Einrichten einer Sprunggrube
Anlage eines Terrariums (eines Teiches im Hausgarten usw.)
Anlage (Pflege) eines eigenen Gartenbeets

Schildern
Gedränge auf der Autobahn
Auf Quartiersuche
Springende Forellen
Ein Fisch geht an meine Angel
Im Tierpark von ...
Baden bei hohem Wellengang
Wellenreiten
Tauchen an der Felsenküste
Ein Morgen (Abend) in den Dünen (auf den Uferfelsen)
In einer alten deutschen (italienischen ...) Stadt
In der Stille des Bergwaldes
Am Gebirgsbach

Sport und Spiel

Berichten
Verfasse einen Bericht für den Sportteil der Zeitung (Schulzeitung)
über das Hallenhandballturnier deiner Stufe
über den Leichtathletikwettkampf mit der ...schule
über die Regatta der Schülerrudervereine
über das Liga- (Regionalliga-) spiel am letzten Sonntag!

Vorausgegangen ist eine Übung mit Zeitungsausschnitten, wobei über die Qualität von Sportberichten diskutiert wurde.

Schildern

Völkerball: Der letzte wird gejagt

Volleyball: Die Wende in einem fast schon verlorenen Spiel

Spannendes Finale bei den Bundesjugendspielen: Die Staffelläufe

Wie ich meine Leistung im Laufen (Weitsprung, Hochsprung, Kugelstoßen, Schlagballweitwurf, Schleuderball) verbessert habe.

Kameradschaft beim Sport: Mein Schrittmacher

Endlich geschafft! (Flanke, Hocke über das Pferd, die erste Kippe am Reck ...)

Typen auf dem Fußballplatz: Der Alleingänger — Unser Libero — Torwart in Bedrängnis (in Hochform) — Heinz baut einen Angriff auf

Bei den mündlichen Übungen wie bei der Einführung in die Thematik wirken wir darauf hin, daß die Schüler wahrhaftig schreiben. Selbstüberwindung, die innere Bewältigung von Mißerfolgen sind wichtigere Inhalte als die Darbietung von Erfolgen. Aus der vorausgegangenen sprachlichen Arbeit weiß die Klasse, daß billiger Reportagestil nicht anerkannt wird.

(Weitere Themen aus diesem Gebiet – der anderen Darstellungsform entsprechend – in den Kapiteln 2 und 3.)

2. Gestaltungsversuche

Im Gestaltungsversuch spiegelt sich die Blickrichtung wider, die die individuelle Seite in der Spannung zur gesellschaftlichen Wirklichkeit wiedergibt. Die Sehweise stellt sich in der Kombination der Handlungsabläufe, im Satzrhythmus, in der Verknüpfung der Figuren, in der Bevorzugung zentraler Worte, in der Wiederholung und Variation bildhafter Ausdrücke dar. In der Reflexion auf den Gestaltungsversuch überprüft der Schüler die Relation der Mittel, indem er sich fragt, ob das Hervorgebrachte seiner Blickrichtung entspricht. Umgekehrt wird beim Vortrag eines Gestaltungsversuches vor den Mitschülern die Sehweise des Verfassers erschlossen. Gestaltungsversuche eröffnen auf diese Weise einen unmittelbaren Zugang zur Erschließung poetischer wie journalistischer Formen. Schließlich bekräftigen sie den Schüler, sich selbst zu bestimmen und die Möglichkeit individueller Freiheit gegenüber der Sprache zu schaffen. Dies Gestaltungsprinzip vertritt nachdrücklich Friedrich Ostermann in seinem Buch „Kreative Prozesse" im „Aufsatzunterricht" (Uni-Taschenbücher 228) u.a. gegenüber dem Modell kollektiven Tuns von Werner Ingendahl[1]. Ostermann belegt seine Auffassung durch Schülertexte aus verschiedenen Klassenstufen.

In den folgenden Vorschlägen sollen vor allen Dingen die journalistischen Darstellungsformen geübt werden, die heute in der gesellschaftsbezogenen Zeit eher verwendet werden, wenn auch die freien, rein an die Sprache gebundenen Versuche nicht unbeachtet bleiben, aber mehr Neigungsgruppen zu überlassen sind.

Der poetische Gestaltungsversuch

In mehr schildernder oder mehr lyrischer Sprache lassen sich Impressionen nach verschiedenen Prinzipien aneinanderreihen. Zu achten ist auf eine möglichst bildhafte Sprache. Prosasprache läßt sich auf Lyriksprache verkürzen. Beispiel:

„Die Schaufensterscheiben reflektieren das Scheinwerferlicht der vorüberrollenden Autos." wird zu: „In großen Scheiben gleitet das Scheinwerferlicht vorüber."

Aufgaben:

Freundschaft mit einem Tier
Ein Sonderling
Autos im Nebel
Glatteis
Neonbeleuchtete Geschäftsstraße
Verkleidung im Fasching
Ein Traum, der mir in Erinnerung blieb
Auf Motivsuche mit einem Fotoapparat
Ein Zug läuft ein

---

[1] Werner Ingendahl, Aufsatzerziehung als Hilfe zur Emanzipation. Düsseldorf 1972.

An einer belebten Straßenkreuzung
Zum erstenmal in diesem Jahr im Schwimmbad
Auf dem Friedhof
Gut geeignet für ein Projekt der ganzen Klasse ist das Rahmenthema „Unsere Stadt", das Licht- und Schattenseiten einfangen soll.

Das Interview

Beim Interview kommt es darauf an, die Fragen so zu stellen oder das Gespräch so zu führen, daß die Befragten in ihrem gesellschaftlichen Hintergrund und gegebenenfalls in ihrer politischen Absicht erkannt werden. Der Fragende will zu seinem Vorwissen neue Erkenntnisse gewinnen. Durch Überspitzung der Fragen, einseitiges Herausheben einer vermuteten Einstellung, soll der Befragte zu Antworten bewegt werden, die dem Vermuteten nahekommen. Meist werden bekannte Politiker, Persönlichkeiten des öffentlichen Lebens und Experten um ein Gespräch gebeten. Sie sollen aus ihrer Kenntnis Auskunft über aktuelle Fragen geben, wobei besondere Interessen der Jugend bevorzugt werden.

Aufgaben:
Schüler befragen den Landrat eines Kreises, welche Vorstellung er vom Neubau einer Schule hat.
Schüler erkundigen sich beim Bauaufsichtsamt, nach welchem Grundplan die alte Schule erbaut worden ist.
Schüler befragen den Schulleiter, welche Reformpläne ihn bewegen.
Schüler befragen die Redakteure der Schülerzeitung nach ihren Zielvorstellungen.
Die Schüler interviewen die Polizei, nach welchen Vorstellungen ihre Sicherheit im Verkehr gewährleistet wird.
Eine Gruppe von Schülern führt mit dem Elternbeiratsvorsitzenden ein Gespräch über dessen Ansichten zu Erziehungsfragen.
Schülergruppen benutzen die Gelegenheit einer Klassenfahrt, um sich bei dem Bürgermeister (Pfarrer, Lehrer usw.) über die historischen und gegenwärtigen Lebensbedingungen zu informieren.

Die Reportage

Voraussetzung für eine gut gelungene Reportage ist es, daß Reporter und Zuhörer mit der gegebenen Situation vertraut sind. Daher kann der Reporter sich mit Andeutungen begnügen, die auf die Situation bezogen sind. Er bedient sich einer Fachsprache, die den Hörern bekannt ist. Eine gute Reportage gehorcht dem Anspruch der Objektivität. Der Reporter vermittelt die Sache, bei der er dabei ist, möglichst anschaulich an diejenigen, die nicht dabei sind. Nach mündlichen Reportagen mit Hilfe des Recorders sollte man schriftliche Versuche unternehmen.

Aufgaben:
Eine Fußballreportage aus einer gegebenen Situation
Sportfest der Mittelstufe
Fasching der Klasse (der Schule)

Ein Klassenabend
Auf dem Schulfest
Auf dem Pausenhof
Autos auf der Straße vom Fenster aus gesehen
An der Straßenkreuzung bei Geschäftsschluß
Neonbeleuchtete Geschäftsstraße zur Weihnachtszeit
Ankunft der bekannten Fußballmannschaft auf dem Bahnhof (Flugplatz)

Theater-, Film- und Fernsehkritik

Der Kritiker bemüht sich, das Beobachtete sachlich wiederzugeben; er muß es aber in seiner Wirksamkeit auf den Zuschauer prüfen; er muß Maßstäbe setzen, Urteile bilden. Er fragt nach dem Sinn des Dargestellten oder Beobachteten. Ihm geht es um die Interpretation, von der er weiß, daß es eine endgültige Deutung nicht gibt. Er prägt der Deutung sein Sinnverständnis auf, daher muß er sich mit dem Dargestellten auseinandersetzen. Zunächst gilt es, das Gesehene aufzunehmen, dann es zu verstehen, um sich mit dem so Verstandenen auseinandersetzen zu können. Der Kritiker weiß, daß es viele Ansichten von dem Gesehenen, viele Vorstellungen, nichts Absolutes gibt. Der Kritiker neigt zum Widerspruch gegen den Anspruch anderer. Er ficht für seine Wahrheit, ohne den anderen verletzen zu wollen.

Aufgaben:
Kritische Betrachtung eines Fernsehstückes — (einer Radiosendung) — eines Zeitungsartikels — einer Theateraufführung — eines Films — eines Buches — einer Photoausstellung.
Hilfe für die Strukturierung: 1. die Sache, 2. die Wirkung, 3. das Urteil, 4. die Mitwirkenden.

Reisebilder

In bildhaft-anschaulicher Form geben die Reisebilder die Landschaft, die Stadt, die Menschen wieder; sie vermitteln dem Leser eine konkrete Vorstellung, so daß er die Landschaft aus der Sicht des Schreibenden sieht. Atmosphärisches, Duft, Farbe, Lichtverhältnisse, Zeit, gesellschaftliche Verhältnisse müssen zu einem Gesamtgewebe verknüpft werden. Je subjektiver der Reiseeindruck, desto intensiver ist die Vermittlung. Aus der Literatur können Beispiele zur Anregung herangezogen werden, z. B. Koeppen, Thomas Mann, Joseph Roth (Im mittäglichen Frankreich), Goethe (Italienische Reise), Heine (Die Harzreise), Frisch (Tagebücher) u. a.

Aufgaben:
Grenzübergang
Eine Schweizer Kleinstadt
An der Berliner Mauer
Dünenwanderung
Eine Schiffsreise zur Hallig
Auf der Autobahn
Eine mittelalterliche Stadt

Dombesichtigung
Wattwanderung
Eine Bergtour
Leben auf der Großstadtstraße

Die Satire

Die Satire ist die Form der Verspottung von Mißständen, Unsitten, Anschauungen, Personen usw. je nach Zeitumständen. Das Kleinliche wird entlarvt, das Unzulängliche der Verachtung und Lächerlichkeit preisgegeben. Die Satire enthält einen didaktischen Einschlag in allen Tonlagen, je nach der Haltung des Verfassers; sie ist bissig, ernst, pathetisch, komisch, ironisch, heiter. Stets ruft die Satire durch Anprangerung der Mängel die Leser zu Richtern auf und hofft, durch Aufdeckung der Schäden eine Besserung zu bewirken. Als Verzerrung des politischen und gesellschaftlichen Lebens ist die Satire stärker nationalgebunden als andere Dichtungsarten. Literarische Beispiele: Heine, Kästner, Tucholsky, Narrenliteratur (Brant, Murner), Hildesheimer, Witzblätter, „Pardon", Kabaretts. An Hand der literarischen Muster können die Formen geübt werden, so daß die wichtigen Stilarten der Satiriker getroffen werden (vgl. Wilpert, Sachwörterbuch der Literatur, Stuttgart 1964).

Für die Wiederaufnahme dieser Übungsreihe in der Sekundarstufe II finden sich mannigfache Anregungen bei Ingrid Matthes, Formen der gesellschaftskritischen Satire. Ein Lehrgang in Klasse 11, (Der Deutschunterricht 4/1974).

Aufgaben:
Der Witzbold — Der Ideologe — der Snob — Der Angeber — Der Grobian
Der Kleinbürger — Der Wohlstandsbürger — Der Bundesrepublikaner im Ausland — Der Wahlredner
Gespräche am Stammtisch — Die Fußballmannschaft — Eine Schülerszene von heute — Fastnachtsscherze
Der (Sport-, Fußball-, Gesang-)Verein
Stammestypen (der Bayer im Hofbräuhaus, der Ostfriese, der Hamburger, Berliner Humor).

Das Groteske

Das Groteske bringt Gegensätzliches in überraschender Form nebeneinander. Es stellt sich gegen jeden Vernunftglauben und verfremdet die Welt. Oft schlägt es ins Formlose um und steigert sich bis ins Sinnlose. In neuerer Zeit wird das Groteske zum Ausdruck des Sinnlosen, das durch die Sprache das Dämonische bannt und es ansichtig macht. Meister der Groteske sind die Romantiker Jean Paul und E. T. A. Hoffmann; im englischen Sprachraum ist es E. A. Poe. In der Moderne gibt es im deutschen Sprachraum eine Reihe von Schriftstellern, die wie Busch, Kafka, Thomas Mann, Dürrenmatt, H. C. Artmann, Ror Wolf, Wolf Wondratschek und Wolf Biermann das Groteske darstellen, meist mit einem politischen Unterton.

Zunächst können aus der Literatur einige Stilzüge und Figuren nachgezeichnet werden, die den Stil der betreffenden Verfasser kennzeichnen. Es gibt in der Darstellung des Grotesken bevorzugte Tiere wie Schlangen, Eulen,

Kröten, Spinnen, das Nachtgetier, das in anderen, dem Menschen unzugänglichen Ordnungen lebt. Das Groteske beschäftigt sich vor allem gern mit allen Arten von Ungeziefer, da man ihm seine Entstehung von den bösen Mächten her zuschreibt. So begrüßt „der Chor der Insekten" seinen Herrn Mephisto, als er den alten Pelz ablegt, in dem er einst den Schüler in die Geheimnisse der Wissenschaft eingeführt hatte, und aus dem nun „Zikaden, Käfer und Fanfarellen" herausfallen. Die spitzen Gegenstände Wilhelm Buschs entsprechen bereits den Errungenschaften der Technik, besonders den geräuschvollen Motorfahrzeugen. Die Vermischung des Mechanischen mit dem Organischen ist ebenso charakteristisch wie die Disproportion: z. B. die Darstellung von Flugzeugen als riesige Libellen. Beim Grotesken geht es nicht um Todesfurcht, sondern um Lebensangst. Zur Struktur des Grotesken gehört, daß die Kategorien unserer Weltordnung versagen. Wir begegnen neuen Auflösungen: der Aufhebung der Dingkategorie, der Zerstörung des Persönlichkeitsbegriffes, der Zertrümmerung der geschichtlichen Ordnung. Dem Abgrund entsteigen die Tiere der Apokalypse, Dämonen brechen in den Alltag. Die Figuren des Grotesken agieren in der Nacht. Sie ähneln den Gestalten der Kriminalgeschichte. Doch ist durchweg das Erzählen durch die straffe Ausrichtung auf das Ende hin gezeichnet. (Vgl. W. Kayser, Das Groteske, Stuttgart 1957)

Aufgaben:

Vergrößerung — Verkleinerung — Laß ein Lebewesen oder einen Gegenstand ungewöhnlich wachsen oder zusammenschrumpfen. Beschreibe den Vorgang und seine Folgen möglichst realistisch!
Tücke der Technik — der Motor eines Bootes läßt sich nie mehr abstellen. — Ein Transistorradio spricht Mädchen auf der Straße an. — Laß einen Apparat völlig anders funktionieren, als er eigentlich soll. — Beschreibe den Vorgang möglichst realistisch!

Der Essay

Der Essay ist eine geistreiche Abhandlung über einen wissenschaftlichen Gegenstand. Die Aussagen beziehen sich auf aktuelle Fragen des soziokulturellen Lebens und sind in leicht zugänglicher Form geschrieben. Er ist künstlerisch anspruchsvoll und geistreich gefaßt. Gekennzeichnet ist er durch die bewußte Subjektivität der Auffassung, die auch bei überholten wissenschaftlichen Voraussetzungen Zeugnis seines Schöpfers sind und ihm bleibenden Wert verleihen. Der Essay verzichtet auf systematische Untersuchung des Sachverhaltes und legt Wert auf lockere, das Thema von allen Seiten beleuchtende Gedankenführung, die wesenhafte Erkenntnisse zu vermitteln sucht und das Nachvollziehen eines persönlichen Erlebnisses erstrebt. Er ist umfangreicher als das Feuilleton; er ist der Versuch, ein Problem ohne Anspruch auf eine systematische Lösung zu behandeln. Im Gegensatz zur methodisch begründeten wissenschaftlichen Abhandlung ist der Essay eine „offene" Form.

Literarische Vorbilder sind im deutschen Sprachraum Hofmannsthal, Ernst Jünger, Benjamin, Borchardt, H. Mann und Th. Mann, G. Benn, Hesse u. a.

Die Lesebücher der Oberstufe bringen Beispiele für den Essay. Sie können in ihrer geistreichen Form, in der Prägnanz der Abhandlung nachgeahmt werden; wohl kaum werden sie die Subjektivität der Auffassung, die den schöpferischen Geist des Verfassers widerspiegelt, wiedergeben. Doch sollte auch diese Form auf der Oberstufe geübt werden, da sie den Schülern Gelegenheit gibt, ihre eigene Auffassung zu einer Frage des kulturellen Lebens in offener Form wiederzugeben (vgl. Gero von Wilpert, Sachwörterbuch der Literatur, Stuttgart 1964).

Aufgaben nach literarischem Vorbild:
Heinrich Mann, Von der Notwendigkeit des Zweifels
Goethe, Zum Shakespearetag
Schopenhauer, Von der Nichtigkeit und dem Leiden des Lebens
Hofmannsthal, Sommerreise — Südfranzösische Eindrücke — Festspiele in Salzburg — Wert und Ehre deutscher Sprache — Europa
W. Benjamin, Kurze Schatten — Denkbilder — Haschisch in Marseille
Thomas Mann, Leiden und Größe Richard Wagners — Nietzsches Philosophie im Lichte unserer Erfahrung — Rede über Lessing

Freie Aufgaben:
Von der Muße
Über den Frieden
Der günstige Augenblick
Gedanken über den Tod
Politische Betrachtung an der Berliner Mauer
Erfahrung und Armut
Römische Landschaft
An der Engelsbrücke — eine geschichtsphilosophische Betrachtung

Das Kabarett

Für Schüler eignet sich das Kabarett als Kleinkunstbühne zum Vortrag von Sketchs und anderen Darbietungen in Vers und Prosa. Heute bieten sich schreibgewandten jungen Verfassern Inhalte an, die in satirischer Form zu aktuellpolitischen Fragen der Zeit pointiert Stellung nehmen. Vorbild könnten für die Jugendlichen die Kabaretts der Gegenwart sein, die zum Teil der Vergangenheit angehören. In Anlehnung an die zugespitzten Darbietungen könnte ihre Kleinkunst nachgeahmt werden oder in ähnlicher Weise in der Mentalität des Schülers wiederkehren. Bekannt sind W. Fincks „Die Katakombe", das „Düsseldorfer Kom(m)ödchen", „Die Stachelschweine" in Berlin und die „Münchner Lach- und Schießgesellschaft". Hinzu kommen die neuen Kabarett-Sendungen des Fernsehens, z. B. Dieter Hildebrands „Notizen aus der Provinz".

3. Die Darstellung von Sachverhalten und die Erörterung in der Sekundarstufe I

Im Anbeginn dieser Übungsreihe leistet die Aufsatzerziehung einen Beitrag zur Überwindung des beziehungslosen Nebeneinanders der Fächer, wie es in der Schulwirklichkeit häufig ist oder sogar vorherrscht. Mit solchen Möglichkeiten werden wir es noch mehr zu tun haben (vgl. Kapitel 4). Hier handelt es sich darum, Stoffe für die Darstellung von Sachverhalten in Zusammenarbeit mit anderen Fächern zu gewinnen.

Schriftliche Hausaufgaben werden in den Hauptfächern gestellt, die naturwissenschaftliche Fächergruppe ebenso wie die Geographie, Geschichte und Sozialkunde begnügen sich mit gelegentlichen Aufzeichnungen im Unterricht. Dies gilt allerdings nicht mehr für die im Kurssystem neugestaltete Oberstufe. Experimente und Unterrichtsergebnisse aus den genannten Fächern werden in einer ausschließlich sachbezogenen Form dargestellt, nachdem die Methode an einem Beispiel im Deutschunterricht, möglichst im Beisein des anderen Fachlehrers, eingeübt ist. Diese Form wird kurz als Sachaufsatz bezeichnet. Einblick in eine solche Versuchsreihe bietet Sigrid Matthies, wobei auch Schwierigkeiten in der Zusammenarbeit der Fächer berührt werden. Der Schüler soll sich

„a) um die genaue Beobachtung von Vorgängen oder Darstellungen in ihren Einzelabläufen bzw. Einzelheiten
b) um die exakte, sprachlich eindeutige Wiedergabe dieser Beobachtungen
c) um eine übersichtliche Anordnung dieser Aussagen" bemühen.[1]

Ein pädagogischer Anreiz kommt hinzu. Wie ist es zu erklären, daß ein Schüler, der im Deutschen befriedigende oder sogar gute Leistungen hervorbringt, bei einer Versuchsbeschreibung versagt? Eine Frage dieser Art ist wohl schon jedem von uns entgegengehalten worden. Ein solcher Schüler müßte eigentlich seine sprachlichen Fähigkeiten ausgleichend einsetzen können, gegebenenfalls allerdings auch eine Ignoranz gegenüber den Naturwissenschaften überwinden.

Bei der Darstellung von Sachverhalten wird der Schüler im weiteren Verlauf des Aufsatzunterrichts nicht mehr in dieser umgrenzten Weise an die Arbeitsgebiete anderer Fächer gebunden bleiben. Der Stoff wird umfangreicher sein, so daß eine Auswahl zu treffen ist; schließlich werden Erfahrungsbereiche der Schüler in wachsendem Maße Grundlage auch solcher Arbeiten bilden. Erfüllt ist die Aufgabe, wenn der Sachverhalt in einer unpersönlichen und schmucklosen, dabei aber doch ausgeformten Sprache reichhaltig genug umrissen ist. Nur hierauf kommt es an; Einschätzungen und Wertungen der vorgefundenen Phänomene gehören hierzu nicht, sie sind der Erörterung vorbehalten. Die folgenden Themen sollen diesen Typ des Aufsatzes in der Sekundarstufe I verdeutlichen:

---

[1] Sigrid Matthies, Versuche zur Neugestaltung des Sachaufsatzes auf der Mittelstufe. In: Der Deutschunterricht, März 1965

Aus dem Schulleben

Beschreibe einen Hindernislauf in den einzelnen Phasen und stelle dar, worin die Anforderungen bestehen!
Beschreibe den Ablauf eines Parcours in der Turnhalle!
Beschreibe die Ausgestaltung der Räume für ein Klassen-(Schul-)fest aus der Sicht des Beteiligten (des Zuschauers)!
Beschreibe, welche technischen Mittel zu einem Sprachlabor (zu einer Tonbildschau usw.) gehören und wie diese bei den Lernvorgängen angewendet werden!
Berichte über die Vorbereitung einer Diskussion mit Teilnehmern aus verschiedenen Klassen (Kursen)!
Protokolliere den Ablauf der Diskussion über ...
Berichte über das Entstehen einer Konfliktsituation (Klassenarbeiten, Hausaufgaben, Rauchen im Schulgebäude usw.)!
Berichte über die Einführung eines neuen Katalogisierungs- und Entleihsystems für die Schülerbibliothek (der Lernmittelsammlung)!

Umwelt

Berichte nach den beigegebenen Unterlagen und nach eigenen Beobachtungen über die Luftverschmutzung im Stadtteil ... (Lokalteil der Zeitung, Information durch städtische Behörden bzw. die Kreisverwaltung)
Berichte über die Verschandelung des Waldes (des Erholungsgebietes) in ...!
Berichte über die Verschmutzung des Flusses (der Seen) im Umkreis von ...!
Berichte über die Lärmbelästigung an der ... straße im Ablauf des Tag- und Nachtverkehrs! (Entsprechend: ... des Flugplatzes in ...)

Arbeitswelt

Nach einem Klassenausflug: Beschreibe einen Aussiedlerhof in Hinsicht auf dessen Zweckmäßigkeit! (Zum Vergleich ist ein alter Hof im engen Dorf besucht worden.)
Beschreibe die Arbeitsvorgänge in einer Genossenschaftsmolkerei auf dem Lande (des Milchwerks in ...)!
Beschreibe Anlagen und Arbeitsvorgänge in einem Wasserwerk (einem Elektrizitätswerk)

Nach Betriebsbesichtigungen:
Beschreibe die Tätigkeit eines Arbeiters an der Stanzmaschine (an einer halbautomatischen Drehbank, an einer Fräsmaschine usw.)!
Gruppenarbeit in einer Textilfabrik – Gib deine Beobachtungen über dieses Produktionsverfahren wieder!
Montage eines Motors (eines Getriebes usw.) am Fließband
Arbeitsvorgänge in einer Lehrwerkstatt
Ein Haus wird abgerissen

Arbeitsvorgänge auf einem Bauplatz

Die Klasse besucht eine größere Baustelle, wobei die verschiedenen Arbeitsvorgänge beobachtet werden können. Einzelne Vorgänge werden fotografiert und in begleitenden Notizen aufgenommen: Das Ausschachten mit dem Bagger, Gießen der Fundamente, das Mauern der Zwischenwände, Verschalung und Betonguß, die Tätigkeit der Maurer mit Kelle und Wasserwaage, der Zimmerleute beim Aufsetzen des Dachstuhls, der Bauarbeiter bei der Fertigstellung des Flachdachs. — Bei der Fülle der Eindrücke werden Beobachtungsgruppen gebildet, die für die Nachbereitung im Unterricht die Vorgänge möglichst genau wiedergeben. Berufssprache und Fachausdrücke werden für die schriftliche Aufzeichnung vermittelt.

Wiedergabe von Gesprächen mit Gastarbeitern, Einpendlern, Besitzern von Nebenerwerbssiedlungen, in der Industrie beschäftigten Hausfrauen

Aufzeichnung der Informationen, die seitens des Leiters der Lehrwerkstatt, der Betriebsleitung, eines Gewerkschaftsvertreters usw. gegeben wurden

Die Erörterung

Jeder Aufgabe dieser Art geht die Überlegung voraus, was Schüler der 8. bis 10. Klasse an Informationen dazu bereit haben und was ihrem Erfahrungsbereich entspricht. Über den Unterricht im Deutschen und in anderen Fächern beziehen wir mögliche Informationen aus den Massenmedien und aus Jugendbüchern ein. All das wird situativ und im Leistungsvermögen sehr verschieden sein, womit eine Gruppierung der Themen nach Klassenstufen auszuschließen ist. Nicht verharren können wir bei der Darstellung von Sachverhalten, weil die Jugendlichen darüber hinaus Stellung nehmen, eine eigene Auffassung vertreten wollen. Wir provozieren nicht frühreife Lebensweisheit, sondern stellen die Aufgabe auf ein wachsendes Abstraktionsvermögen ein. Die vorausgegangenen Übungen waren darauf angelegt, Realitäten, Tatsachenbereiche in schriftliche Darstellung umzusetzen, und nichts vermag besser, dem gedanklichen „Wildwuchs", dem Daherreden, im Extremfall dem Phrasenausdrusch vorzubeugen.

Die Schüler sind mit Hilfe des Sprachbuchs unterrichtet worden,
wie sie eine Stoffsammlung in Notizen anlegen,
das Nichtgeeignete oder Zuweitführende aussondern,
persönliche Akzente setzen,
nicht starr und einseitig verfahren, sondern argumentieren.

Dies alles weist bereits auf den späteren Problemaufsatz hin. Die Eigenständigkeit der Erörterung in dieser Stufe besteht jedoch pädagogisch in der Einstellung auf das sprachliche und gedankliche Vermögen in einem Alter des Umbruchs und des Reifens, folgt dem natürlichen geistig-seelischem Wachstum. Da die Schüler nach der erforderlichen Aufbewahrungszeit ihre Arbeitshefte zurückerhalten, können sie später nachlesen, wie sie Welt und Menschen in diesem Alter gesehen haben.

Gesehen — dies bedeutet für den schriftlichen Ausdruck einmal die Wiedergabe von Beobachtungen und Eindrücken, wie sie zuvor in Einzelaufgaben erzählender und schildernder Art geübt wurden. Nun nimmt der Gedankengang einen entsprechenden Raum ein, indem aus den Erscheinungen Urteile gewonnen und Folgerungen gezogen werden. Die Gedanken sollen also nicht „aus der Luft gegriffen" sein, Anschauung ist untrennbar mit einem solchen sprachlichen Gefüge verbunden.

Soweit dies nicht schon bei der Darstellung von Sachverhalten geschehen ist, sollten bei den ersten Klassenarbeiten, die die Bezeichnung Erörterung erhalten, gleiche Bedingungen durch gemeinsame Unternehmungen geschaffen werden: bei der Beobachtung des Verkehrs an einer Ausfallstraße, bei einer Klassenfahrt oder einem Wandertag, bei der Besichtigung von Handwerks- und Industriebetrieben, durch Anschauungsmittel und die Verwendung von Medien im Unterricht.

Wir erleichtern den Übergang zur Erörterung, wenn zu bereits vorliegenden Darstellungen eines Sachverhalts die bündig gefaßte Stellungnahme nach einer Leitfrage geschrieben wird.

Dazu die folgenden Vorschläge:

Leibesübungen: Wie sind beim Parcours in der Turnhalle die Geräte auf eine allseitige Entwicklung der körperlichen Kräfte eingestellt?

Vorbereitete Diskussion: Inwieweit ist es uns gelungen, eine allgemeine Beteiligung zu erreichen?

Konfliktsituation in der Schule: Welche Lösungsmöglichkeiten wurden erkennbar?

Rauchen in der Schule: Ist unter den Beteiligten eine Regelung erreicht, der ich zustimmen kann?

Umwelt: Wie könnte der Gleichgültigkeit gegenüber der Verschandelung des Waldes (der Gewässer) entgegengewirkt werden (Verschärfung der Strafen, freiwillige Aufräumung, Aufklärungsaktionen, Zusammenwirkung der Maßnahmen)?

Ist eine Einschränkung des Flugverkehrs zu befürworten?

Arbeitswelt: Worin erkennst du die Vorzüge der Ausbildung in einer Lehrwerkstatt?

Worin besteht der Unterschied zwischen gelernter und angelernter Tätigkeit in einem Industriebetrieb?

Wie hat sich die Beanspruchung des Menschen bei der Produktion von Industriegütern verlagert (körperliche Belastung, Eintönigkeit der Arbeit)?

Die folgenden Themen erfordern im Abschluß des Lehrgangs auf dieser Stufe bereits eine jeweilige Verbindung von Sachverhalten und Stellungnahme nach Gliederungsgesichtspunkten:

Der Bau mit vorgefertigten Teilen — Worin erkennst du den Fortschritt gegenüber der herkömmlichen Bauweise — Hast du Bedenken?

Aus der Beobachtung müßten die Schüler erörtern können, was nun der gelernte Handwerker am Bau zu schaffen hat. Einwände könnten sich gegen die womögliche Einförmigkeit der Häuser richten. Daher wären die Variationsmöglichkeiten in der Verwendung der Teile, durch Putz und Farbe zu untersuchen.

Kostbares Wasser? — Erörterung nach einem Besuch des Wasserwerks

Vor wenigen Jahrzehnten noch war Wasser in unserer Erdzone noch so unbegrenzt zur Verfügung wie Sand. Warum treten jetzt Verknappungen auf und warum ist die Bereitstellung des Wassers für den privaten Verbrauch und die Industrie komplizierter geworden? Wie erklären sich die hohen Investitionen? Wie wird das Wasser chemisch behandelt? — Auszuwerten sind Eindrücke von der Besichtigung und die Notizen zu den Informationen, ein Lehrfilm hat die Wissensgrundlage erweitert.

Wie unterscheidet sich ein alter Bauernhof im Innern des Dorfes von einem neuen, der mitten in den Feldern errichtet wurde?

Ein solches Thema hat seinen Spielraum, läßt abweichende Lösungen zu. So könnte der Fortfall des Idylls in eigenständiger Weise Höhepunkt des Aufsatzes werden.

Entwurf einer Rede über die Sorgen des deutschen Bauern hinsichtlich der Europäischen Wirtschaftsgemeinschaft

Die folgenden Themengruppen für die *Erörterung* gründen sich weitgehend auf den privaten Erfahrungsbereich der Schüler. Einer gesonderten Vorbereitung wird es also nicht bedürfen, wenn auch bei einzelnen Themen Anregungen aus dem Unterricht dienlich sein werden. Sie sind etwa nach dem Schwierigkeitsgrad geordnet.

Sport

Welche Sparten der Leichtathletik bevorzugst du? (Ebenso Wintersport, Wassersport usw.)
Worin liegt der Reiz kooperativen Sports (kooperativer Spiele)?
Warum ich einem Sportverein angehöre
Jugendgruppe oder Sportverein — was ziehst du vor?
Siehst du einen Wert darin, daß Sportler ihre Lebensführung auf volle Leistungsfähigkeit einstellen müssen? (Alkohol, Rauchen, Tagesablauf)
Warum wird Leistungssportlern (Spielern der Bundesliga) soviel Bewunderung entgegengebracht?

Freundschaft

Freundschaften unterwegs (in den Ferien, im Seebad, in einer Skihütte)
Welche Ansprüche stellst du an eine Freundschaft? — Begründe deine Auffassung aus den Erfahrungen, die du bisher mit Freundschaften gemacht hast!
Mädchen-(Jungen-)freundschaften heute — Gib deine Beobachtungen wieder und beurteile die Art des Zusammenseins
Kameradschaft — erkennst du darin einen ebenso großen Wert wie in der Freundschaft?

Im häuslichen Bereich

Wie ich ein eigenes Zimmer einrichten würde
Würdest du gern in einem Hochhaus wohnen?
Großmutters Kommode — Wie lassen sich alte Möbel mit moderner Einrichtung kombinieren?
Was bietet dir das Fernsehen (dein Transistorradio, die Tageszeitung, der Lesezirkel)?

Würdest du es vorziehen, am Rande einer Großstadt zu wohnen oder im Stadtzentrum?
Einkauf in der Boutique — Was macht Spaß dabei, was ist als zweckmäßig (unzweckmäßig) anzusehen?
Vergleiche den Einkauf in einem herkömmlichen Laden und in einem Selbstbedienungsladen — Was ist mit der weiten Verbreitung von Supermärkten verlorengegangen, was ist gewonnen?
Kaufst du lieber in einem Kaufhaus oder in einem Fachgeschäft ein?

Schulwirklichkeit, Schulreform

Die Wirklichkeit unserer Schule, Fehlentwicklungen, Reformpläne, neue Methoden des Unterrichts, das Verhältnis von Lehrern und Schülern werden mehr denn je diskutiert, unter den Schülern, im Klassengespräch und schließlich in der Öffentlichkeit. Presse, Hörfunk und Fernsehen bieten zusätzliche Informationen. Im Unterschied zu früheren Jahren sind die meisten Schüler auch bereit, die hierzu gehörenden Sachverhalte darzulegen und Probleme der Schule zu erörtern, in ihren eigenen Angelegenheiten mitzureden. Aus solchen situativen Gegebenheiten lassen sich mancherlei Themen formulieren, die in den gedanklichen und sprachlichen Anforderungen dieser Stufe angemessen sind. Die Reihe wird im folgenden Kapitel fortgesetzt.

Wie würdest du ein modernes Klassenzimmer einrichten? — Denke dabei auch an die Anordnung der Plätze!
Was gibt dir der Kunst- und Werkunterricht (ebenso Musik- oder Leibeserziehung)?
Im biologischen (chemischen) Übungsraum. Wie wird dir geholfen und wie kannst du selbständig arbeiten?
Würdest du gerne an einer Unterweisung in handwerklichen und technischen Fertigkeiten teilnehmen?
Sind aus deiner Erfahrung Unterrichtsmedien eine wirksame Hilfe bei Lernprozessen?
Wie unterscheidet sich die Arbeitsweise im Chemie-Kurs von der im Klassenverband?
Wie schätzt du die Arbeitsweise und die Unterrichtsergebnisse im Gruppenunterricht ein?
Was kann durch Diskussionen in der Sozialkunde erreicht werden? —

Einzubeziehen ist der Grad der Beteiligung, wie du ihn über eine Zeit hin beobachtet hast, im Verhältnis zu den sachlichen Vorbereitungen.

Wie soll sich der Klassensprecher verhalten (zu seinen Mitschülern, den Lehrern gegenüber)?
Beurteile die Wahlveranstaltungen zur Wahl der neuen Schülervertretung
Beurteile die Tätigkeit der Schülervertretung
Entwurf eines Diskussionsbeitrags zur Neuwahl des Schulsprechers
Soll unsere Tanzveranstaltung in der Schule oder in einem Lokal stattfinden?

Auswertung von Materialien

Die *Auswertung von Materialien* ist didaktisch eine stufenadäquate Vorbereitung auf wissenschaftliche Arbeitsweisen. Verfrühung und Überforderung ist damit aber nicht verbunden, wenn das Grundprinzip des Erfahrungsbereichs von Schülern dieses Alters eingehalten wird, für das ja auch eine Hinneigung zum Sammeln von Realien charakteristisch ist. Bei den Gegenständen sind

visuelle Eindrücke in Sprache umzusetzen,
visuelle Eindrücke mit verbalen zu verbinden,
auf Überredung eingestellte Redeweisen zu durchschauen.

Information, methodische Einübung und Diskussion sind oft nicht allein im Deutschen zu bewältigen. Die Themenvorschläge setzen also eine Zusammenarbeit der Fächer voraus.

Gebrauchsformen

Die Schüler schaffen ein kleines Lager von Tassen, Tellern und Bestecken heran. Eine Auswahl davon ist auf einem Tisch angeordnet, von der Jubiläumstasse bis zur künstlerisch anspruchsvollen Form. Spaß bereitet die Aufstellung einer großen holländischen Zwiebelmustertasse neben einem winzigen Mokkatäßchen. Damit ist das Gespräch schon der Funktion des Gebrauchsgegenstandes zugewendet, aber auch das spielerische Ornament, der Reiz des Altertümlichen werden diskutiert. Eine solche vergleichende Analyse stellt einen Beitrag zum Erkennen von Kitsch dar, soziologische Bezüge richten sich auf die Bedingungen und Folgen der Massenfertigung und den Umsatz von Massenprodukten. Der Analyse des Vorgeführten folgt die kritische Erörterung:

Welche der ausgestellten Gegenstände (nur zwei oder einige Beispiele) würdest du kaufen, welche nicht?
Was wir täglich benutzen. — Welchem der vorgeführten (abgebildeten) Bestecke würdest du den Vorzug geben?
Vergleiche ein altes (älteres) Gedeck mit einem aus gegenwärtigem Angebot. — Untersuche den Wandel nach praktischen Gesichtspunkten und nach solchen der zufriedenstellenden (schönen) Form!

Nach Katalogen, Reklameeinlagen der Tageszeitung:

Vergleiche die angekreuzten Angebote (oder andere, selbst ausgesuchte in etwa gleicher Zahl)! — Welchen würdest du den Vorzug geben?
Welche der angekreuzten Angebote würdest du als kitschig ansehen, welche nicht?
Stelle Preisvergleiche an zwischen Markenfabrikaten und solchen unbekannter Produzenten! Sind die Preisunterschiede vertretbar?
Das Dekor beim Kaffeeservice — Legst du Wert darauf?
Geschliffene Gläser — einfache Gläser? Welche Art würdest du beim Einkauf von Geschenken bevorzugen?

Haushaltswoche im Warenhaus (Hausarbeit)

Untersuche nach Beispielen, was verramscht wird und was du als günstiges Angebot ansiehst (auslaufende Angebote)!

Untersuche Beispiele dafür, wie Kunststoffe herkömmliche Rohstoffe verdrängt haben!
Welche der angebotenen Vasen würdest du in dein Zimmer stellen, welche nicht?

Nach dem Besuch in Möbelgeschäften (Hausarbeit) oder Vorlage von Prospekten (Klassenarbeit):

Einrichtung eines Mädchen- oder Jungenzimmers — Welche Angebote entsprechen etwa deinen Vorstellungen, welche nicht? — In die Überlegung einzubeziehen sind die Preise.

Spielzeug

Nach dem gleichen didaktischen Verfahren wird die Ausstellung von Spielzeug in der Weihnachtszeit kritisch untersucht (Hausarbeit), entsprechend die Vorlage von Prospekten und das Angebot von Versandkatalogen.

Vergleiche natürliche Puppen mit der „Teenager-Puppe"

Vorgelegt werden einige Muster, die nach Form, Farbe, Material und vor allem nach den Spielmöglichkeiten zu untersuchen sind.

Technisches Spielzeug — wie hat es mein Verständnis für technische Vorgänge gefördert?
Sportliches Spielzeug — Nach einem (einigen Beispielen) ist der gesellige (kooperative) Wert dieses Spielzeuges zu beurteilen.
Colt im Gürtel, Maschinenpistole — Wie stehst du zu diesem Western- und Gangsterspielzeug?

Werbung

Im Abfassen von Werbetexten können wir eine didaktisch vertretbare Aufgabe nicht erkennen. In der Arbeit mit Materialien werden die Schüler angeregt, Anzeigen oder Plakate auf die Überredungsabsicht hin zu durchschauen. Aus dem Unterricht in anderen Fächern – Sozialkunde, Kunst bzw. visuelle Kommunikation – kennen sie das Spannungsverhältnis von Information als Mitteilung über die Eigenschaften angebotener Produkte und der Suggestion, wie sie etwa bei Konsumgütern der Genußmittelbranche in Erscheinung tritt. Hier eröffnet sich ein Arbeitsbereich von emanzipatorischer Bedeutung, ähnlich wie bei der Beschäftigung mit Trivialliteratur (vgl. S. 57). In der schriftlichen Bewältigung erfährt diese Aufgabe Gründlichkeit, Vertiefung und Nachwirkung für das tägliche Leben. Materialien dafür bieten sich in reichem Maße an, aus farbigen Anzeigen in Illustrierten und aus Jugendzeitschriften. Die Werbung im Rundfunk und Fernsehen wird aus Gründen der Verfügbarkeit gleichen Materials zumeist der Hausarbeit vorbehalten bleiben müssen, nachdem der Unterricht methodische Anregungen vermittelt hat.
Vergleiche die vorgelegten Anzeigen für ein Fahrrad (Moped, Mofa) hinsichtlich der darin gebotenen Informationen über Technik, Ausstattung, Preis!

Die folgenden Themen haben sich als besonders reizvoll erwiesen, weil sie dem Spürsinn, dem Durchschauen von Reklametricks viel Raum bieten und entsprechend Spaß machen. Sie eignen sich für die Erschließung von Wortfeldern der Umgangssprache.

Vergleiche die zu erwartenden Eigenschaften einer Seife — schafft Sauberkeit, angenehmer und unaufdringlicher Duft — mit den angepriesenen Vorzügen: Jugend Schönheit, große Welt!
Wie schätzt du den Informationswert der vorgelegten Anzeigen für Zahnpasta (Mundwasser usw.) in der visuellen wie in der verbalen Aussage ein (medizinische Hinweise — Erfolg, Verliebtheit)?
Was versprechen dir die Hersteller von Erfrischungsgetränken, und was bieten sie tatsächlich mit ihren Produkten?
Hunde- und Katzenfutter — Was bieten die Inserate an Informationen? Wie wird die Tierliebe gefühlvoll (oder auch witzig) angesprochen?
Zigarettenreklame (alkoholische Erzeugnisse) — Wie erklärst du es dir, daß über das jeweilige Produkt nur geringe Aussagen gemacht, um so mehr aber in Bild und Wort Wunschwelten hervorgerufen werden?

Hierzu: H. F. Rathenow, Werbung, Band 1 der Reihe „Didaktische Modelle", Colloquium Verlag, Berlin 1972

Medien

Untersuche die erste Seite des vorgelegten Massenblatts nach Überschriften, Aufmachung und nach den bevorzugten Inhalten!
Vergleiche die vorgelegten Berichte über ein aktuelles Ereignis in der Sensationspresse und in der regionalen Tageszeitung!

Weitere Arbeitsanweisungen können sich auf den Anteil von Politik und Kultur beziehen, auf den Stil von Sensationsberichten, des Sportteils, lokaler Ereignisse und der Kommentare. Zu fragen ist auch, wie sich Sensationspresse mit den Lesern ins Einvernehmen setzt.

Welchen Teilen der vorgelegten regionalen Zeitung gehört dein besonderes Interesse, welchen nicht?
Welche Sendungen des Rundfunks (des Fernsehens) in der kommenden Woche könnten dich interessieren? Warum?
Vorlage der Beurteilung des Fernsehprogramms vom vergangenen Abend in der Tagespresse — Stimmst du damit überein?
Nachmittagssendungen einer Woche — Was haben sie der Jugend geboten?
Stellungnahme zu einer periodischen Sendung (Hausarbeit nach zeitiger Vereinbarung)
Die Kinoreklame an einem Wochenende — Was wird angeboten? — Mit welchen Bildern, Redensarten wird für die Filme geworben? — An welches Publikum wenden sich die Inserate?
Ein Dokumentarfilm über die Weimarer Republik (das nationalsozialistische Regime) — Was ist dir daraus vermittelt worden, was nicht?

Nach der Vorführung eines zeitgeschichtlichen Films (z. B. Die Brücke) — Was ist dir gänzlich fremd? — Inwieweit kannst du die Motive der handelnden Personen verstehen?
Starrummel in einer Illustrierten (Jugend-, Programmzeitschrift)

Schlager (Nach Platte oder Tonband)

Nach welchem Prinzip werden die Wirklichkeitsausschnitte ausgewählt, die besungen werden?
Woran kann der Hörer seine eigenen Gefühle anheften?
Welche Botschaft verkündet der Schlager?
Inwiefern bietet der Schlager kollektive Wachträume an?
Welche Wünsche der Hörer soll er erfüllen, welche Ängste verdecken?

Haus der Jugend

Untersuche das Programm an Filmvorführungen! — Ist das Interesse der Jugend getroffen?
Musikveranstaltungen — Welche davon finden dein besonderes Interesse? Warum?
Nach der Teilnahme an einer Beschäftigungsgruppe unter Vorlage des neuen Programms: Was bieten dir diese Veranstaltungen?
Plan und Wirklichkeit: Wie werden die angebotenen Veranstaltungen nach deiner Übersicht genutzt?

4. Der Problemaufsatz

Über treffende Bezeichnungen für Aufsatzformen, die nicht Literatur zum Gegenstand haben, wird bei Zusammenkünften von Germanisten und auch publizistisch viel gestritten. Diese Diskussionen sollten nicht als ein Streit um Worte abgetan werden, denn die Bezeichnung der Aufsatzform enthält zugleich eine Anforderung an den Schüler, und es bleibt stets zu bedenken, was er in einer vier- bis fünfstündigen Klausur zu leisten vermag.

An dem Terminus „Besinnungsaufsatz" ist ein allzu idyllischer Grundzug bemängelt worden; eine Vorstellung von rückschauender Meditation stellt sich ein, während doch zur Jugend der sprachliche Zugriff gehört und eine kritische Einstellung zum Bestehenden.

Die Bezeichnung „Problemaufsatz" bietet solchen Einwänden weniger Raum. Wenn wir in der Oberstufe ein Aufsatzthema geben, so ist darin gewiß ein Problem enthalten, und die gedankliche Anforderung besteht darin, es aus mannigfachen Zeitverhältnissen zu erkennen. Zahlreiche Übungen waren darauf eingestellt, Erscheinungen der Umwelt oder des gesellschaftlichen Lebens zu beobachten, zu ordnen und in angemessener Weise darzustellen, ehe sie Gegenstand einer Auseinandersetzung werden können. So kann das Problem angegangen werden, und die Gedanken finden ihre Ordnung. Argumente sind abzuwägen und anderen gegenüberzustellen, bis schließlich der Versuch zu einer Lösung des Problems unternommen werden kann.

Wenn wir uns solcherart um die Grundlagen bemühen, die den Problemaufsatz erst möglich machen, so wollen wir doch die Darbietung von Kenntnissen nicht überschätzen. Unschärfen und Irrtümer sachlicher Art brauchen noch nicht zu einem Mißerfolg zu führen, wir haben es schließlich nicht mit Experten zu tun. Schwerwiegender wäre es, wenn eine Arbeit wohl in den Fakten festgefügt ist, aber die dem Thema innewohnende Problematik nicht aufzeigt oder eine mögliche Gegenposition ganz außer acht läßt.

Letzteres rührt an die Forderung nach Wahrhaftigkeit, die in sprachlicher wie inhaltlicher Hinsicht gestellt ist.

Aufsatzthemen können in ihrer Formulierung schon dazu verleiten, daß der Schreibende nicht einen eigenen Standort bezieht, sondern sich brav dem anpaßt, was vielleicht erwartet werden könnte.

Dabei mag er seinen Lehrer dann auch noch gründlich mißverstehen. Es bedarf immer neuer Bemühungen, um diesen vielverbreiteten Schülerstandpunkt allmählich zu überwinden. Aber auch die Zielsetzung, den Problemaufsatz unter die Entscheidungsfreiheit des Menschen zu stellen, hat ihre Grenzen. Es muß notwendig der Partner, der Mitmensch einbezogen werden, der doch zur Wahrheitsfindung gehört, da die Wahrheit eine allumfassende ist. Dementsprechend beruht die Zielsetzung des Problemaufsatzes nicht allein auf dem Selbstvertrauen der Vernunft, die sich in der Freiheit des Denkens und Entscheidens realisiert. Das vernünftige Denken soll vielmehr auf Wahrheit gerichtet sein, die auch den anderen Menschen einschließt, ihn als zustimmenden oder widersprechenden Partner nötig hat.

Formen möglicher Entscheidung

1. Wir nennen ein Thema:

Ist die Überwindung von materieller Not heute allgemein möglich?

Die Frage läßt sich mit „ja" beantworten, wenn der Verfasser für seine Betrachtung die gewohnten Verhältnisse des industriell hochentwickelten Landes zugrunde legt. – Im Weltganzen gibt es angesichts der rapiden Bevölkerungsvermehrung ausreichende Argumente für eine positive Bewertung nicht. Die Frage des Themas läßt sich jedenfalls in einer *Ja – Nein – Entscheidung* beantworten.

2. Wir wandeln das Thema ein wenig ab:

Ist die Überwindung von Not und Sorge noch eine Utopie?

Ja und nein – *sowohl als auch!* Die Überwindung materieller Not kann wie oben bejaht werden. Dem steht gegenüber, daß der Mensch allgemein nicht die Fähigkeit hat, in gleicher Weise mittels seiner ratio auch die Sorge zu überwinden. Die Überlegung des zweiten Teiles, durch vielfältige Erfahrung belegt, wird also zu einer Verneinung führen. Diesem Teil könnte das Sprichwort zugrunde liegen: Wer keine Sorgen hat, macht sich welche! Die Besinnung vermag in religiöse Bereiche führen, aber auch daran wollen wir keine festen Erwartungen knüpfen.

3. Ein Schüler, der sich mit der problematischen Seite der Automation beschäftigt hat, wird womöglich auch zu einer verneinenden Antwort hinsichtlich der allgemeinen Überwindung von Not in einer industriell hochentwickelten Gesellschaft kommen können. Seine Entscheidung – und auch sie ist eine eindeutige – lautet: *„weder – noch"*.

Auf eine einfache Formel gebracht lauten also die drei möglichen Entscheidungen:

Ja – nein
sowohl – als auch
weder – noch.

Wir bedienten uns bei dieser Ergründung der Entscheidungsmöglichkeiten bisher eines Stoffes, der zu den Anforderungen der Gemeinschaftskunde gehört. Folgende in dem neuen Fach integrierte Arbeitsbereiche sind daran beteiligt: wirtschaftliche Entwicklung, Veränderung der gesellschaftlichen Struktur, gegebenenfalls Entwicklungsländer.

Ein zweites Beispiel aus dem Erfahrungsbereich des Schülers bietet die gleichen Entscheidungsmöglichkeiten:

Würden Sie sich eine Bibliothek aus Taschenbüchern aufbauen?

Aus zahlreichen Veröffentlichungen in Zeitschriften und im Feuilleton der Tagespresse sei ein Zitat von Wolfgang Kraus mitgegeben, das auch die Frage des Themas bei mancherlei Einschränkung bejaht:

„Ob die zahllosen Käufer die Taschenbücher wirklich auch lesen? Dieser Zweifel wird von den vielen Skeptikern immer wieder eingewendet. Vorerst wäre wohl darauf zu sagen, daß es schon grundsätzlich besser ist, wenn Geld für Bücher anstatt noch mehr für zivilisatorische Bequemlichkeit und leeren Zeitvertreib ausgegeben wird: erst die hohe Auflage ermöglicht ja den niedrigen Preis, der es dann dem Studenten erlaubt, sich das Buch anzuschaffen. So ist also jeder Mitzahlende für die gute Sache von Nutzen. Und außerdem: Bücher, die man einmal erstanden und zu Hause aufgestellt hat, entfachen ein merkwürdiges Eigenleben. Sie stehen als stumme Aufforderung da, sie werden entliehen und vielleicht mitunter von ganz anderen Leuten als den Käufern, aber schließlich oft von ihnen selbst gelesen. Einmal dem Buchhandel entnommen, suchen sich Bücher allein ihren Weg."

Nun zu den möglichen Entscheidungen:

1. Es kann eine bejahende wie eine verneinende Antwort gegeben werden. Für jede diese die andere ausschließende Entscheidung gibt es Argumente aus der persönlichen Erfahrung. So klar diese Entscheidung sein mag, sollte sie aber doch die Gegenposition nicht einfach ignorieren.
2. Der Bearbeiter zieht bei unterhaltender Lektüre Taschenbücher vor, wählt aber bei Büchern, die ihm teuer sind, die anspruchsvollere Buchausgabe. Die Untersuchung wird auf die Klassiker ausgedehnt sein, womöglich auch auf Werke der Kunstgeschichte.
3. Der junge Mensch, noch ganz auf dem Wege, legt sich eine Bibliothek überhaupt noch nicht zu. Er bevorzugt das Leihbuch, das er sich als Besitz gar nicht leisten könnte, oder er verschenkt gelegentlich erworbene Bücher.

Sind Gliederungen unerläßlich?

Zunächst: Gliederungen stellen die stärkste Hilfe dar, die sich der Schreibende selbst verschafft. Wie kommt es nun, daß sich die Schüler zumindest eine Zeitlang, mit allem nur denkbaren Mißmut dagegen wehren? Der freie Fluß der Sprache scheint ihnen in ein Korsett gezwängt zu sein. Sie möchten lieber frisch darauflos reden, und dies eben wird ihnen versagt. Ihre Darstellungsweise wirkt nun hölzern, die Sprache verliert an Farbe, an Stelle der lebhaften Schilderung tritt die mühsam zusammengeschusterte Abstraktion. Erfüllt hat die Gliederung erst ihren Zweck, wenn das eine gewonnen ist, nämlich statt des bloßen Einfalls den Gedankengang hervorzubringen, das andere aber zurückgewonnen wird, nämlich die dem Konkreten verbundene, frische und unverblümte Darstellungsweise.

Bei Gliederungsübungen werden aber auch schwere Fehler begangen, die diesen Weg verlängern. Es entstehen wahre Inhaltsverzeichnisse statt einer gedanklichen Richtschnur für sechs, später vielleicht für zehn oder zwölf Seiten. Auf diese Weise können Gliederungen tatsächlich in die Angstträume eingehen. Wenn etwa zu dem Thema „Kann Humor eine Lebenshilfe sein?"[1] eine umständliche Gliederung verlangt wird, so könnte dem Schüler wohl bis zu deren Abschluß der letzte Rest von Humor vergangen sein. Ein ursprünglicher, gestalterischer Weg führt zum Ziel, indem etwa ein humorvoller Mensch charakterisiert wird oder Situationen aufgezeigt werden, in denen sich Humor tatsächlich als Lebenshilfe erwies.

---

[1] Vgl. Lehmann-Glaser, Arbeitshefte zum Besinnungsaufsatz, Heft 4. Verlag M. Diesterweg, Frankfurt/M. Die Brauchbarkeit der Text-Sammlung ist damit nicht bestritten.

Eine andere schlechte Art der Gliederung ist die bloß stofflich gerichtete. Für das Thema wichtige Fakten gehören in die Stoffsammlung, die der Gliederung vorangeht. Darin streicht der Schreibende, was zuwenig Bezug zum Thema hat. Die Eingrenzung des Themas ermöglicht ihm auch, ganze Bereiche zu streichen, über die er einfach zu wenig weiß. In der Gliederung sind ausgeführte Sätze nicht erforderlich, als zu zeitraubend auch gar nicht wünschenswert. Stichworte, Überschriften genügen. Bewährt hat sich auch die Gliederung in wenigen *Leitfragen,* weil dadurch schon in der Anlage der Arbeit ein Spannungsgefüge entsteht.

Die Gliederung bewahrt den Schreibenden davor, den wichtigsten Teil seiner Überlegung schon zu Anfang aufzubrauchen, läßt ihn auf das Thema eingehen, verhilft zu Höhepunkten im gedanklichen Ablauf wie in der Schilderung, läßt die Arbeit — statt eines abrupten Schlusses — in einem weiterführenden Gedanken auslaufen.

Wir befürworten die Gliederung nicht zuletzt aus der Erfahrung, daß es nur ganz wenige Schüler gibt, die einen Aufsatz von einigem Anspruch und einigem Umfang insgesamt ohne vorhergehende Gliederung konzipieren können.

Zwei Gestaltungsformen des Problemaufsatzes

Gegensatz-Formulierungen werden seit einiger Zeit bei Aufsatzthemen der Oberstufe viel verwendet[1]. Das *dialektische Prinzip* läßt sich bei hierfür geeigneten Fragen der Daseinserhellung ebenso verwenden wie bei politischen Themen und bei kritischer Behandlung von Zeiterscheinungen. Für die Gliederung solcher Aufsätze ist das Schema von These, Antithese und Synthese vorgegeben. Schematismus braucht daraus aber nicht zu entstehen. Das Prinzip ist jeweils auf einen besonderen Gegenstand anzuwenden, der einen eigenwüchsigen Gedankengang verlangt. Das in der Aufgabenstellung enthaltene Ja oder Nein hat der Schreibende durch entsprechende Argumente und Gegenargumente zu begründen. Als Beispiel für ein dialektisches Thema nennen wir die Frage:

Ist das Fernsehen bildungsfördernd oder bringt es geistige Verarmung?

Auch bei solchen Themen wird deutlich, was wir zuvor über die Entscheidungsmöglichkeiten gesagt haben.

Gegen den dialektischen Aufsatz werden Bedenken erhoben[2]. Eine übermäßige Anwendung dieses Prinzips führt zu *Scheinproblemen.* Zwischen These und Antithese muß also, wenn solche Themen sinnvoll sein sollen, ein etwa gleichartiges Gewicht bestehen, wie wir dies in einer Gegensatz-Formulierung von Theodor Heuß finden:

„Vergessen ist Gnade und Gefahr zugleich."

---

[1] Vgl. Bochinger, Der dialektische Besinnungsaufsatz. Stuttgart o. J.

[2] F. Hebel, Grenzen und Möglichkeiten des Besinnungsaufsatzes. Die Pädagogische Provinz, 6 und 11/1962.

Dem Schüler darf nicht zugemutet werden, eine Gegenposition wider alle Vernunft aufzubauen, wie dies etwa geschieht, wenn er gefragt wird, ob es richtig oder falsch sei, sich vom Buch ab- und dem Rundfunk zuzuwenden[1]. Wie könnte der Schreibende ernsthaft behaupten, das Buch wäre mit der Ausbreitung des Rundfunks überflüssig geworden! Ebenso führt es zu einem Scheinproblem, wenn danach gefragt wird, ob Grünanlagen als überflüssiger Luxus zu betrachten wären.

Wir werden uns ebenso hüten, Freibädern oder Jugendhäusern und -heimen eine dialektisch formulierte Fragwürdigkeit zu unterstellen. Die eine wie die andere Einrichtung läßt sich nicht ernsthaft ablehnen; damit ist auch das dialektische Prinzip nicht anwendbar. Themen aus diesem Bereich verlangen eine Formulierung, die auf eine kritische Besinnung über die Einrichtungen als solche, ihren Zweck innerhalb der Gesellschaft und nicht zuletzt den Umfang ihrer Nutzung gerichtet ist, z. B.

Wie stehst du zu den Veranstaltungen des Hauses der Jugend und zur Beteiligung der Jungen und Mädchen deines Alters an seinem Programm?

Oder nach einem mehrwöchigen Aufenthalt in England bei privater Unterbringung der Klasse:

Eigenarten des englischen Familienlebens

Wir erwarten von den Bearbeitern die *kritische Darstellung eines Sachverhalts,* wobei Kritik ja keineswegs Abwertung bedeutet. Der Schreibende schildert Erscheinungen des gegenwärtigen Lebens und knüpft daran Urteile in einer persönlichen Betrachtungsweise.

Die bloße Darstellung eines Sachverhalts stellt hierfür die Vorstufe dar; sie ist dem kurzen Referat vergleichbar. Als sprachliche Übung zielt sie auf Richtigkeit und Genauigkeit hin. Ein Problem kann erst gesehen werden, wenn das Tatsachengefüge geklärt ist. In zwei Formulierungspaaren sei der Unterschied zwischen dieser Vorübung und dem Problemaufsatz verdeutlicht:

Berichte, wie die Innenstadt von ... wiederaufgebaut worden ist.
Was hältst du von dem Wiederaufbau der ... Innenstadt?
Was ist der Grüne Plan?
Was kann durch den Grünen Plan zugunsten der Landwirtschaft erreicht werden?

Indem der Bearbeiter den Plan für seinen Aufsatz anlegt, wählt er Tatsachenbestände aus, die ihm für die Erschließung des Themas wichtig sind. Er wird sie jeweils mit einer Betrachtung verbinden. Für diese Aufgabe genügt es nicht, den Sachverhalt in der Breite aufzuführen und lediglich am Schluß einen Kommentar von wenigen Sätzen anzuhängen.

Die folgende Themensammlung ist nach Stoffbereichen geordnet. Innerhalb dieser Gruppe finden sich Formulierungen nach dem dialektischen Prinzip und für die kritische Darstellung eines Sachverhalts.

---

[1] Rahn-Pfleiderer, Deutsche Spracherziehung, Ausgabe B, Teil VII/1, Gestaltungslehre.

Um die eigene Lebenshaltung

Zeigen Sie am Beispiel Ihres Hobbys, welchen Sinn es hat, ein Hobby zu betreiben?

Sport und Leben — Welche Vorstellungen haben Sie von einem guten Sportler, von seiner Haltung, von seinen Lebensgewohnheiten?

Man sagt oft, daß Schenken eine Kunst sei — ist das richtig?

Wert und Unwert der gesellschaftlichen Formen

Soll sich die Gesellschaft um die Freizeitgestaltung der jungen Menschen kümmern, oder sollte sie es ihnen nicht besser selbst überlassen, wie sie ihre Freizeit ausfüllen wollen?

Jugendliche unter sich — Beobachtungen und Gedanken

Gegensatz-Formulierungen können bei diesen Themen unbedenklich verwendet werden; die jungen Menschen sprechen aus einer unmittelbaren Lebenserfahrung:

Soll man sich streng an einen Tageslauf halten oder ist es besser, sich nach Stimmung, Neigung und „Tagesform" zu richten?

Soll man mit einer Reisegesellschaft reisen oder allein?

Ist es ein Zeichen von Stärke oder von Schwäche, wenn man Unrecht erduldet?

Ist es ein Zeichen von Stärke oder von Schwäche, wenn man seine Auffassungen ändert?

Würden Sie aus beruflichen Gründen auswandern?

Das gleiche Thema in anderer Fassung:

„Wo es mir gut geht, da ist mein Vaterland." — Wie stehen Sie zu diesem gerade durch die Arbeitslosigkeit aktuellen Ausspruch?

Vaterland ist hier nicht im patriotischen Sinn verstanden, sondern als Daseinsbereich des Menschen, geprägt durch Geschichte, Landschaft und Sprache.

Hat Sie unsere Fahrt nach Paris (Rom, Moskau usw.) zu Überlegungen über das eigene Nationalgefühl angeregt?

Helfer beim Roten Kreuz (oder freiwillige Ferienarbeit in einem Krankenhaus) — Beachte dabei die Verarmung in den menschlichen Beziehungen und die Verkümmerung der gegenseitigen Hilfe — Begleiterscheinungen der Entwicklung zum Wohlfahrtsstaat!

Ein Mensch ruft dich in der Not — Welche Bedeutung hat ein solcher Anruf für unsere eigene Lebensbestimmung?

Die Schüler wählen hierfür die Situation bei einem Verkehrsunfall auf der Autobahn, den Hilferuf eines Ertrinkenden u. ä., verständlicherweise weniger das Beispiel des helfenden Ratschlags. Entscheidend ist, daß sich der Schreibende als Person begreift, die für den anderen einsteht.

Ein Klassenkamerad, der sehr erregt war, hat Sie beleidigt. — Wie verstehen Sie sein Verhalten und wie begegnen Sie ihm?

Zur Toleranz

Im September 1972 wendete sich das Bundesgesundheitsministerium an die Soldaten der Bundeswehr mit der Aufforderung, das Rauchen ganz zu lassen oder doch einzuschränken — Sehen Sie darin eine unberechtigte Einmischung in das Privatleben oder eine berechtigte Entscheidungshilfe?

Zeigen Sie an einem Beispiel aus dem politischen oder religiösen Bereich, wie bei gegensätzlichen Haltungen Toleranz möglich (nicht möglich) ist!

„Vom höchsten Ordnungssinn ist nur ein Schritt zur Pedanterie." Christian Morgenstern — Legen Sie dar, was Ihnen Ordnung bedeutet, und suchen Sie die Grenzen zur Pedanterie aus Ihren eigenen Lebensbezirken auf!

Anregend hierfür O. F. Bollnow: Wesen und Wandel der Tugenden, S. 33 ff. (Taschenbuch).

Halten Sie eine dauerhafte persönliche Bindung an einen Menschen für möglich, der eine andere politische (oder religiöse) Grundeinsicht hat wie Sie selbst?

Briefform ist zugelassen.

Die heutige Jugend hat keine Ideale! — Setzen Sie sich mit diesem verallgemeinernden Urteil auseinander!

Welche Vorstellung haben Sie in Ihrer Schulzeit davon gewonnen, was Bildung in unserer Zeit sein sollte?

Reifeprüfungsthema, der bisherige Lebenslauf als Bildungsgang ist vorausgegangen.

Im gleichen Zusammenhang:

„Selbst die Kunst geht nach Brot", also doch gewiß jeder Beruf. Wie finden Sie einen Einklang zwischen Ihrer Hinneigung zu einer Lebensaufgabe im Sinne der Berufung und den Erfordernissen der Wirklichkeit?

„Wir Menschen brauchen beides — Einsamkeit und Geselligkeit. Eins allein würde uns immer krank machen." Kügelgen — Untersuchen Sie den Wahrheitsgehalt dieses Ausspruchs!

„Derjenige, der sich mit Einsicht für beschränkt erklärt, ist der Vollkommenheit am nächsten." – Hat Goethe mit dieser Auffassung recht? Begründen Sie Ihre Meinung!

Bei den folgenden Themen sind Vorschläge von Primanern verwendet:

Der junge Mensch zwischen der Lebenserfahrung der Eltern und dem Willen zur eigenen Lebensgestaltung

Beschreibe die Erfahrungen mit einem Vorbild! — Oder: Beschreibe: warum du den Mangel eines Vorbildes empfindest!

Der junge Mensch zwischen der Möglichkeit der Anpassung an die Erwachsenenwelt und der Möglichkeit selbständiger Verwirklichung

Freiheit und Organisation — Erörtere, warum eine freiheitliche Lebensordnung die staatliche Organisation Jugendlicher ausschließt!

Was heißt Vaterland? Siehst du die Möglichkeit, im geteilten Deutschland ein Vaterland zu haben?

Wie ist Selbstbewußtsein zwischen einseitiger Selbsterhöhung und einseitiger Selbsterniedrigung möglich?

Die Frage eines Freundes: Soll ich mich auf Glück verlassen, oder soll ich Risiken eingehen? — Antworte in Form eines Briefes!

Beschreiben Sie anhand von Beispielen und Kriterien aus eigener Erfahrung das Problem der Autorität und bestimmen Sie Ihr Verhältnis dazu!

Schulwirklichkeit, Schulreform (Fortsetzung)

Manchmal macht mir die Arbeit Spaß, manchmal wird sie mir zur Qual — wie kommt das?

Jahrgangsklassen oder Kurssystem? — Erörtern Sie, ob mit der Aufgabe der Klassengemeinschaft ein wesentlicher Verlust entstünde!

Was ist ein Schüler? Untersuchen Sie diesen Begriff für die verschiedenen Altersstufen auf Grund eigener Erfahrungen!

Rauchen in der Schule?

Das Thema müßte nach den jeweils bestehenden Verhältnissen ergänzt werden, z. B.: Die Stadt ... als Schulträger ließ bisher das Rauchen in den Schulgebäuden und auf den Schulhöfen nicht zu. Feuerschutz und Reinigung würden dadurch erschwert. Zu fragen ist aber auch, ob nicht eine Freigabe die Zahl der jugendlichen Raucher erheblich ansteigen ließe. — Die Bestimmungen des Jugendschutzgesetzes erscheinen an der Tafel oder werden hektographiert beigegeben.

Geben Sie Ihre Eindrücke von unserer kürzlichen Schulveranstaltung in der Aula ... wieder! — Haben Sie Vorschläge für deren künftige Gestaltung?

Schränkt die Schule die Freiheit des einzelnen ungerechtfertigt ein? — Gehen Sie eigenen Beobachtungen und Erfahrungen nach!

Plan und Wirklichkeit unserer Studienfahrt nach ...

Je nach dem Ziel läßt sich das Thema präzisieren.

Massenmedien und Meinungsbildung (Fortsetzung)

In der Bundesrepublik werden wöchentlich 15 bis 20 Millionen „Jllustrierte" umgesetzt — Analysieren Sie die vor Ihnen liegende Jllustrierte! — Was kann danach über den Massengeschmack ausgesagt werden?

Eine anspruchsvolle Wochenzeitung — Legen Sie dar, warum Sie diesem Blatt den Vorzug geben!

Das Angebot an Wochenzeitungen ist im Unterricht besprochen worden.

Vergleichen Sie den Informationswert einer Tageszeitung auf politischem (kulturellem, technischem, sportlichem) Gebiet mit dem eines anderen Kommunikationsmittels (Rundfunk, Fernsehen)!

Vor allem als Hausarbeit gedacht; für die Klassenarbeit müßten als „Gedächtnisstütze" Ausgabe einer Tageszeitung und Wochenprogramm vorgelegt werden.

Vergleichen Sie den Informationswert einer Tageszeitung mit dem eines Wochenblatts (auf entsprechenden Gebieten)!

Zu untersuchen wäre die Funktion dieser Presseorgane, die Frage wechselseitiger Ergänzung, Freizeiteffekt usw.

Wie unterscheidet sich ein Nachrichtenmagazin (Der Spiegel) von einem Wochenblatt (Die Zeit, Deutsches Allgemeines Sonntagsblatt, Deutsche Zeitung/Christ und Welt usw.)? — Bietet Ihr Wochenablauf Raum genug für beide Publikationsformen? — Ziehen Sie eine davon vor, oder wechseln Sie ab?
Welche Rundfunk- oder Fernsehsendung können Sie Ihren Klassenkameraden empfehlen? — Begründen Sie Ihre Empfehlung! Ein Wochenprogramm wird beigegeben.
Vergleichen Sie das „Neue Deutschland" (Ost-Berlin) mit einer überregionalen Zeitung aus Westdeutschland! — Wie wird die Kritik an den im Lande bestehenden Verhältnissen vorgenommen? (Hausaufsatz)
Zwei satirische Zeitschriften (satirische Seiten in Wochenblättern und Illustrierten)
Zwei naturwissenschaftlich-technische Zeitschriften
Zwei Jugendzeitschriften
Vergleichen Sie die Programmgestaltung im Hörfunk und im Fernsehen! — Auf welche Weise bewahrt der Hörfunk seine Stellung unter den Massenkommunikationsmitteln? Ein Wochenprogramm wird beigegeben.
Funk und Fernsehen können Nachrichten weit schneller verbreiten als die Zeitungen, dennoch bewahren die Zeitungen ihre Stellung unter den Massenkommunikationsmitteln. — Wie ist das möglich?
Die Konzentration in der Presse — Worauf ist sie zurückzuführen und wie wirkt sie sich aus (im regionalen Bereich, in der Bundesrepublik überhaupt)?

Leserbriefe und Leserdiskussionen

Leserbriefe sind zu einem ständigen und vielgelesenen Teil nicht nur der großen Blätter, sondern auch der Regionalpresse geworden. Sie stellen ein Mittel der Meinungsbildung dar und bieten für den Einzelnen eine der Möglichkeiten, auf örtliche und allgemeinpolitische Entwicklungen einzuwirken.

Hierzu Thomas Ellwein: Politische Verhaltenslehre. Stuttgart 1964, S. 90 ff.

Öfters handelt es sich um Angelegenheiten der Schule und Jugendfragen; Schüler oder Schülergruppen haben das eine oder andere in Gang gebracht, wenn es etwa geht

um eine unzulängliche Tätigkeit der Schülermitverwaltung,
um die Heraufsetzung der Preise für Schülermonatskarten,
um „Strafarbeiten",
um die Nutzung des Hauses der Jugend,
um die Mängel bei Sportanlagen der Stadt.

Der Leserbrief soll bündig abgefaßt sein, er soll Mängel und Mißstände klar bezeichnen und einen Vorschlag enthalten. Für die häuslichen Übungen werden wir am besten in einigen Sätzen den Zustand bezeichnen, der abgeändert werden müßte; diese Formulierung wird am besten gemeinsam während des Unterrichtsgesprächs vorgenommen.

Für den Klassenaufsatz empfiehlt sich die Form der *Replik,* weil dadurch für alle die gleichen Bedingungen gegeben sind, indem ein Leserbrief, der in seinem Inhalt und in einigen Formulierungen gerade junge Menschen zum Widerspruch herausfordert, für eine Entgegnung vorgelegt wird. Der darin angesprochene Sachverhalt ist allen geläufig.

Hierzu ein Beispiel für die 11. Klasse:

Der Verfasser eines Leserbriefes kritisiert die Heraufsetzung der Gebühren für die städtischen Verkehrsmittel. Wenn sich ein größeres Defizit nicht vermeiden ließe, so sollten die Stadtverordneten höhere Zuschüsse für die Verkehrsgesellschaft beschließen. Bei Straßenbahn- und Omnibuslinien handele es sich um Einrichtungen von allgemeinem Interesse, gerade die sozial schwächer Gestellten wären darauf angewiesen. Zum Ausgleich sollte an solchen Einrichtungen gespart werden, die nur von den bessergestellten Teilen der Bevölkerung genutzt würden, am Theater vor allem und an einer periodisch stattfindenden Ausstellung moderner Kunst. Die Aufgabe heißt:

Setzen Sie sich in der Form der Replik mit diesem Leserbrief auseinander.

In der Replik soll Scheinlogik erkannt, der Diskussionsgegner durch die bessere Argumentation überwunden werden. Wer es versteht, mag sich einiger spitzer und auch scharfer Wendungen bedienen, der rüde, womöglich beleidigende Angriff ist zurückzuweisen, wie dies ja auch durch die Redaktion der Zeitung geschehen müßte.

Da das Thema in keiner Weise konstruiert ist, sondern der aktuellen öffentlichen Auseinandersetzung entstammt, sollten die Schüler auch aufgefordert werden, ihre Beiträge nach eigenem Ermessen der Redaktion einzusenden.

Auffassungen junger Leute in der öffentlichen Diskussion

Die Wochenzeitung „Die Zeit" bietet mit ihrer Rubrik „Zeitlupe 20" mannigfache Anregungen für eine motivierende Thematik. Die eine Woche zuvor bekanntgegebenen Diskussionsthemen finden viel Resonanz; in den Zuschriften der jungen Leute zwischen 16 und 20, zum Teil auch im Alter der Mittelstufe, entsteht ein breites Meinungsspektrum, so zu der Frage:

Viele klauen nur zum Spaß — Wie unmoralisch sind Warenhausdiebstähle? (Nr. 11 — 8. März 1974)

Von 17 publizierten Zuschriften sind im folgenden 5 ungekürzt wiedergegeben:

„Ich finde Klauen, aus welchem Grunde auch immer, nicht schön. Besonders Kinder zwischen zehn und fünfzehn Jahren klauen — nur so zum Spaß. Geld haben sie genug. Dies kann man ruhig unmoralisch und albern nennen.
Menschen, die kein Geld besitzen und klauen, handeln zwar auch nicht richtig, haben aber einen Grund. Ich meine, ein gutes Gewissen ist besser als geklautes Gut."

Margot Voss, 13 Jahre

„Das Stehlen im Supermarkt kann meiner Meinung nach nur als Kavaliersdelikt angesehen werden. Das übergroße Warenangebot wird verlockend aufgebaut, ist es da ein Wunder, wenn jemand auf die Idee kommt, etwas einfach mitzunehmen? Jede Verkäuferin, viele Kunden klauen, warum sollte man Großkonzernen nicht ein bißchen schaden? Andererseits treibt gerade dies die Preise in die Höhe, und daher sollte man sich dies, abgesehen von der strafrechtlichen Verfolgung, schon überlegen."

Sabine Berger, 16 Jahre

„Warum sollte der Diebstahl in Kaufhäusern moralischer sein als anderswo? Es ist Diebstahl, auch wenn der Bestohlene ein anonymer Konzern ist. Ich meine, wenn man das Klaufen als harmlos abtäte, würde man unsere ganse Gesellschaftsordnung auf den Kopf stellen, denn wie soll zum Beispiel eine Mutter, die selber Klauf-Touren unternimmt, ihrem Kind beibringen, daß Stehlen nicht erlaubt ist?"
Gisela Bruhs, 17 Jahre

„Die Lohnabhängigen werden in der Wirtschaft ausgebeutet, indem die Unternehmer ihnen den wahren Gegenwert für die Arbeit vorenthalten und den Mehrwert abschöpfen. Wenn sich ein Unterprivilegierter durch Diebstahl seinen Besitz wiederholt, kann ich das nicht besonders verwerflich finden. Doch kann man durch Gesetzesübertritte keine Gesellschaft ändern. Wenn ein Gesetz schlecht ist, so sollte man möglichst nicht übertreten, sondern für seine Abschaffung kämpfen. Hier geht es aber nicht nur um Diebstahlsparagraphen, sondern um einen ganzen Gesellschaftszustand. Wirtschaftsdemokratie dürfte die gesellschaftspolitischen Ursachen für Warendiebstahl beseitigen." Hans-Peter Oswald, 17 Jahre

„Klaufen" ist wie Schwarzfahren: Ein einzelner entwendet einer Institution ihre Leistung. Dies muß er vor seinem Gewissen verantworten. Zu verantworten aber ist, im Gegensatz zu ungestillter Abenteuerlust, nur ein echtes Bedürfnis wie Hunger. Nicht umsonst gibt es den Mundraub-Paragraphen. Einen trockenen Laib Brot, im Laden um die Ecke geklaut, kann man erlauben, nicht aber einen Schwarzfahrtrip in die City, um sich Kaviar und Gewürztraminer für die abendliche Party zu klemmen." Hans-Peter Meier, 20 Jahre

Die Lernschritte werden ähnlich verlaufen wie in dem vorausgegangenen Vorschlag. Eine zusätzliche Motivation kann entstehen, indem auf dem Wege von der Replik bis zur originalen Beteiligung an einer öffentlichen Diskussion Redeabsicht, Argumentation und Sprache von Jugendlichen (etwa im Umgang mit Begriffen) zu analysieren sind.

Etwa nach dem Schwierigkeitsgrad geordnet, wobei hermeneutisch auch die Eignung für Klassen der Mittelstufe zu überprüfen ist, werden noch einige Themen aus der Rubrik „Zeitlupe 20" genannt:

Jobben für ein Mofa? — Aber viele Schüler und Studenten haben gar keine andere Wahl (Die Zeit — Nr. 10 — 1. März 1974).

Der letzte Foxtrott? — „Vor, rück, seit und Schluß" — Man geht wieder in die Tanzschule (Nr. 16 — 12. April 1974).

Die zehn Gebote nicht mehr zeitgemäß? — Junge Leute diskutieren den Versuch, sie neu zu interpretieren (Nr. 11 — 7. März 1975)

Da hilft kein Kinderladen — Macht die antiautoritäre Erziehung das Leben freier? (Nr. 5 — 25. Januar 1974)

Kein Privileg für alte Herren — Sollen Jugendliche schon Mitglied einer Partei werden? (Nr. 3 — 11. Januar 1974)

Zeitkritische Themen aus verschiedenen jugendnahen Bereichen

Innerhalb der thematischen Gruppen etwa nach dem Schwierigkeitsgrad geordnet; die für die Bearbeitung empfohlenen Klassen ergeben sich zumeist aus dieser Reihenfolge; ein Vorschlag aus der Erfahrung ist öfters beigefügt.

Suchen Sie aus dem vorgelegten Warenhauskatalog zwei oder drei Gebrauchsgegenstände aus, die Sie schlecht (gut) finden! — Begründen Sie Ihr Urteil, indem Sie Zweck, Form, Material und Verzierung untersuchen!

Wie erklären Sie sich die wachsende Vorliebe für Stilmöbel, und wie stehen Sie selbst dazu?

Der Starkult unserer Zeit — Wie erklären Sie sich seine Verbreitung und wie wirkt er sich aus?

Welche Macht stellt die Mode im heutigen Leben dar, und wieweit soll man sich ihr unterwerfen?

Beschreiben Sie die Lebensart, der sich die Gammler unterziehen und fragen Sie nach den Motiven dafür: Protesthaltung, Scheu vor der Arbeit usw.?

Nach Vorklärung (Motivation) im eigenen Unterricht oder in anderen Fächern (Biologie, Religion) kann in ähnlicher Weise ein Thema zu den Suchtgefahren (Alkohol, Rauschgift) gestellt werden.

Probleme aus der Welt des Sports

Wie läßt sich die Vorliebe unserer Zeit für „König Fußball" verstehen?

Weder kritikloses Wohlgefallen noch die bloße Ablehnung können dem Thema gerecht werden. Von den Primanern ist zu erwarten, daß sie das Fußballspiel sachlich und ausgewogen als eine Erscheinung des Massenzeitalters darstellen. In einer vertiefenden Erörterung, die am besten aus der Anschauung entwickelt wird, soll er zu einem zustimmenden oder ablehnenden Urteil gelangen, nicht aber zu einer lahmen Sicherung nach beiden Seiten. Wir wünschen uns die eindeutige und begründete Stellungnahme des heranreifenden jungen Menschen, das allgemeingehaltene, verschwommene Meinen weisen wir zurück.

Ist die Auffassung, daß der Sport eine völkerverbindende Macht sei, begründet?

Das Thema sollte im Anschluß an die Berichterstattung über große internationale Sportveranstaltungen (Olympische Spiele, Fußballweltmeisterschaft usw.) gestellt und darauf bezogen werden.

Training als Arbeitsmethode

Zu untersuchen ist, ob sich Freizeitgestaltung und aus der Arbeitswelt herrührende Leistungsanforderungen miteinander verbinden lassen.

Fördert oder verhindert Leistungssport kooperatives Verhalten?

Kritische Sportsoziologen behaupten, daß der Leistungssport ein kooperatives Verhalten unter den Leichtathleten zerstöre. Dies ginge bei Ausscheidungskämpfen soweit, daß eine Verletzung des Konkurrenten erhofft werde. Welches sind Ihre Erfahrungen und Eindrücke?

In welchem Maße sind die Spitzensportler der Olympischen Spiele noch als Amateure anzusehen?

Als Unterlage erforderlich: Berichte über die Sportförderung in verschiedenen Gesellschaftssystemen.

Versuchen Sie, aus den beigegebenen Texten den Grenzbereich zwischen Kunst und Kitsch aufzuzeigen!

Hierzu Walther Killy, Deutscher Kitsch, Vandenhoeck und Ruprecht, Göttingen.

Dasselbe nach vorgelegten Gedichten.

Hierzu: Kunst und Kitsch im deutschen Gedicht. Sein und Sagen 13, Hirschgraben-Verlag, Frankfurt.

Dasselbe unter Vorlage von zwei Landschaftsbildern

Als Rahmenthema:

„Röhrender Hirsch" — Ist es ein vergebliches Bemühen, gegen Kitsch anzugehen? — Gehen Sie dieser Erscheinung auf einem Gebiet nach: Film, Bilder, Literatur, Reiseandenken usw.

„Es geht uns mit Büchern wie mit Menschen. Wir machen zwar viele Bekanntschaften, aber wenige erwählen wir zu unseren Freunden, unseren vertrauten Lebensgefährten." Ludwig Feuerbach — Gehen Sie diesem Wort aus eigener Erfahrung nach!

Empfehlung eines Buches (eines Theaterstücks) wegen seiner Aussagen zu gegenwärtigen Problemen. Briefform ist zu empfehlen.

Nach der Lektüre eines Romans von Hermann Hesse (Peter Camenzind, Unterm Rad, Demian, Siddharta, Steppenwolf): Wie erklären Sie sich das wiedererwachte Interesse an den Büchern dieses Autors?

Nach dem gemeinsamen Lesen von Gottfried Benns Gedicht „Krebsbaracke": Was macht diese schonungslose Wiedergabe von Wirklichkeit zum sprachlichen Kunstwerk?

Für Teilnehmer an einem Kunst-Kurs zum gegenwärtigen Realismus:

Analysieren Sie nach den vorgelegten Abbildungen die Aussageabsicht dieser Richtung (Wiener Schule, Konzept-Kunst, Lebende Objekte usw.)

Dasselbe nach Abbildungen aus dem Bereich des sozialistischen Realismus

Gruppenplastik als Ausdruck sozialer Kritik (z. B. Duane Hanson: Bowery Bums, gezeigt auf „documenta 5" Kassel) — War dies mit bisherigen künstlerischen Mitteln darstellbar?

Anregungen zu Themen über Richtungen der gegenwärtigen amerikanischen Kunst, z. B. Pop Art bietet: Karin Thomas, Bis heute, Verlag Du-Mont Schauberg, Köln.

Die folgenden Themen sind angeregt durch: Hans-Joachim Winkler, Sport und politische Bildung – Modellfall Olympia, Leske-Verlag, Opladen 1972. Für diese und weitere schriftliche Aufgaben bietet das Buch Texte, Materialien und ein Literaturverzeichnis.

„Wenn wir die beiden Aufgaben: staatliche Koordination des Sports in allen Bereichen und wirkliche Demokratisierung des Vereinssports nicht sofort in Angriff nehmen, wird ein weiteres Absinken der Leistungen in den olympischen Sportarten ... und ein schwaches Abschneiden in München unvermeidlich sein." (Karl Adam, Ist Staatssport Sünde? In: Die Welt, 4. 12. 1968) — Nehmen Sie zu dieser Auffassung unter Verwendung von Ergebnissen der Münchener Olympiade Stellung!

Vergleichen Sie Sportgrundsätze der Bundesrepublik mit solchen der DDR!

Texte: Charta des deutschen Sports, Artikel aus der Verfassung der DDR.

Wie ist es um die erhofften Beiträge der Olympiaden zum Völkerfrieden bestellt?

Analysieren Sie die Fassungen des Amateurstatuts (Regel 26) aus den Jahren 1967 und 1971! — Was ist davon aufrechtzuerhalten, was nicht?

Analysieren Sie die Eidesformeln von 1920 und 1964! — Worin erkennen Sie wesentliche Veränderungen? — Entspricht die zweite Formulierung noch den Auffassungen dieses Jahrzehnts?

Eröffnungsfeier — Siegerzeremonie — Schlußzeremonie. — Hat München hierfür neue Akzente gesetzt? — Könnte Ihrer Auffassung nach dieser Rahmen der Spiele ganz entfallen?

Immer neue Sportarten, immer größere Anlagen — Gefährdet der Gigantismus die Olympischen Spiele? — Können nur noch größere Industriestaaten die Olympischen Spiele ausrichten?

Die Gefahr, daß die Olympischen Spiele aus politischen Gründen „platzen", vergrößert sich — worin erkennen Sie die Gründe?

Kunst und Kritik

Ein Theaterbesuch — Die Aufführung ist nach Bühnenbild, schauspielerischer Leistung, Sprache, Mimik u. a. zu würdigen.

Nach einem gemeinsamen Theaterbesuch — Vergleichen Sie Ihre Eindrücke und Auffassungen mit der beigefügten Kritik in der Zeitung!

Wie wirkt auf Sie ein Stück der „gehobenen Unterhaltung", wenn Sie es im Theater, wie, wenn Sie es im Fernsehen anschauen?

Die Frage ist durchaus nach beiden Seiten offen. Manche Bearbeiter geben dem Theater wegen der lebendigen Verbindung zwischen Darstellern und Publikum den Vorzug, andere dem Fernsehen wegen seiner Möglichkeit, die besten Aufführungen aufzunehmen.

Ein Blick in die Filmankündigungen und -kritiken einer Tageszeitung — Was können Sie daraus über den Geschmack des Publikums ablesen?

Kunst und Kasse — Wie sind Ihren Beobachtungen und Eindrücken nach gegenwärtig die Aussichten für den Kunstfilm gegenüber dem „Reißer"?

Wirtschaftliche und soziale Entwicklung

Entwickeln Sie an Beispielen, welche Möglichkeiten die Verbraucher (die Hausfrauen) haben, auf die Preise einzuwirken!

Entwicklen Sie an Beispielen, wie die Preise in einer marktwirtschaftlichen Ordnung und in einem System zentraler Lenkung zustande kommen!

Zur Vorbereitung Wimmer/Hartwig, Gesellschaft und Wirtschaft, Verlag M. Diesterweg.

Nach Eindrücken von einer Betriebsbesichtigung ist die Krisensituation in der ... wirtschaft zu beschreiben und auf ihre Gründe hin zu untersuchen.

Die Unterschiede zwischen einer Strukturkrise und einer allgemeinen Wirtschaftskrise sind im politischen Unterricht behandelt.

Zeigen Sie an Beispielen, wie konjunkturpolitische Maßnahmen Krisenerscheinungen (einer Wirtschaftskrise) entgegenwirken oder diese sogar überwinden!

Warum bereitet die Verwirklichung der Europäischen Wirtschaftsgemeinschaft in der Landwirtschaft bei uns derartig große Schwierigkeiten?

Beim Vergleich mit anderen EG-Ländern sind geographische Kenntnisse zu nutzen.

Zeigen Sie an Beispielen, wie die Konzentration in der Wirtschaft fortschreitet! — Worin erkennen Sie Notwendigkeiten, worin Gefahren? (12. Schj.)

Was sagen Ihnen die Stellenanzeigen der (vorliegenden) Wochenendausgabe einer großen Tageszeitung über die Spannweite des Arbeiterberufes in der Industriegesellschaft? — Nutzen Sie bei der Bearbeitung des Themas Ihre Eindrücke von einer Betriebsbesichtigung!

Dasselbe über die Angestelltenberufe

Verbände als „pressure groups" — Führen Sie an Beispielen aus, wie diese Bezeichnung zu verstehen ist!

Warum muß es Verbände geben?

Bringt Automation ein freieres Verhältnis des Menschen zur Maschine? — Werten Sie Beobachtungen an Arbeitsplätzen mit herkömmlichen Maschinen (z. B. Drehbänken) und solchen mit Automaten aus! (ab 11. Schj.)

Die Automaten setzen viele Arbeitskräfte frei, welche beruflichen Umschichtungen sind damit verbunden? — Gehen Sie von Beobachtungen aus, die Sie bei der Besichtigung eines Industriewerks gemacht haben! (12. Schj.)

Das Stahlwerk heute! — Vergleichen Sie die Arbeitsvorgänge an einer Walzstraße mit denen, die auf Menzels berühmtem Bild dargestellt sind! (11. Schj.)

Das Bild liegt jedem Schüler in Farbdruck vor. Nach einer Studienfahrt ins Ruhrgebiet.

Wie kam es zu einem frühzeitigen wirtschaftlichen Aufstieg in der Bundesrepublik? — Bringen Sie die verschiedenen Faktoren in einen Zusammenhang? — Welche davon halten Sie für ausschlaggebend?

Zur Vorbereitung: Georg Siebert, Das sozialökonomische Wachstum der letzten zwanzig Jahre. In: Offene Welt, September 1967; Nach 25 Jahren — Eine Deutschland-Bilanz, hg. von Karl Dietrich Bracher, Kindler (Paperback). Das Thema kann auch mit kontrastierenden Texten, etwa aus den genannten Publikationen, gestellt werden oder nach: Politik und Gesellschaft, Hirschgraben-Verlag, Band 2.

Fabrikarbeit und Lebenserfüllung — Gehen Sie diesem Zusammenhang unter Verwendung Ihrer Eindrücke bei der Besichtigung eines großen Industriewerks nach! (Der größte Teil der Arbeiter dieses Werks kommt aus Landgemeinden.) (13. Schj.)

Der soziale Konflikt

Arbeiten Sie an einer Konfliktsituation das zu lösende Problem heraus:

— Gleiche Bildungschancen
— Arbeitsplatzbeschaffung und Arbeitslosigkeit
— Mitbestimmung in den Betrieben
— Mittelständische- und Großbetriebe
— Anteil der Bauern am Volkseinkommen
— Bodenspekulation und Kündigungen in Wohngebieten
— Preiserhöhung bei den Nahverkehrsmitteln
— Bundesbahn und Fernverkehrsgewerbe

Zur Vorbereitung: H. J. Krysmanski, Soziologie des Konflikts. In Unterrichtswerken: Monsheimer-Hilligen, Aktionsfeld Politik, Hirschgraben-Verlag; H. Ritscher (Hg.), Welt der Politik, Verlag M. Diesterweg; Mickel-Kampmann—Wiegand, Politik und Gesellschaft, Hirschgraben-Verlag.

Vorurteile

Setzen Sie sich mit einer der folgenden stereotypen Wendungen auseinander:

Die Bauern haben doch alle einen Mercedes!

Die Neger wollen möglichst wenig arbeiten und möglichst viel Entwicklungshilfe haben.

Die Gastarbeiter schleppen doch Milliarden raus!

Im Grunde genommen gibt es gar keine richtigen Arbeiter mehr!

Das neunte oder sogar zehnte Schuljahr macht die Jugendlichen zu alt für die Lehre!

Die beiden letztgenannten Themen angeregt durch: R. Dahrendorf, Gesellschaft und Demokratie in Deutschland. Verlag Pieper, München 1966, S. 111 und S. 346.

Politische Fragen, Weltprobleme

Friedrich Naumann, der Lehrer des verstorbenen Altbundespräsidenten Theodor Heuss, hat einmal gesagt: „Der Vereinzelte ist immer politisch unproduktiv, denn Politik ist eben gemeinsames, organisiertes Handeln. Schimpfe über die Partei, wenn es nötig ist, aber tritt ihr bei!" Setzen Sie sich mit diesem Wort kritisch auseinander, indem Sie Aufgaben und Stellung der Parteien in der modernen parlamentarischen Demokratie bedenken! (Vgl. Grundgesetz Art. 21, 1.2)

Versammlungs- und Demonstrationsfreiheit: Erläutern Sie Artikel 8 des Grundgesetzes mit Beispielen aus der politischen Wirklichkeit.

Eine vertiefende Betrachtung kann sich etwa entfalten, wenn Verf. darlegt, wie bei den mittelbar hervorgebrachten Entscheidungen der parlamentarischen Demokratie die Demonstration eine wichtige Funktion zwischen der Bevölkerung einerseits, Gesetzgebung und Regierung andererseits erfüllen kann.

Koalitionsfreiheit (Art. 9/3 GG)

Zu untersuchen ist die Wechselwirkung zwischen dem politischen System — hier die Demokratie — und der Wirtschaftsordnung. Bei der Tarifautonomie der Verbände können die Grenzen staatlicher Gewalt dargelegt werden im Unterschied zu Systemen, in denen Löhne und Arbeitsbedingungen von oben diktiert werden.

Presse- und Publikationsfreiheit und deren Grenzen (Art. 5 u. 18 GG)

Das Thema ist weitläufig, die Bindung an Beispiele enthält aber schon die Möglichkeiten der Auswahl. — In ähnlicher Weise können andere Grundrechte aus der Verfassungswirklichkeit gedeutet werden, z. B. das der freien Berufswahl (Art. 12/1). Zur gesonderten Interpretation oder im Vergleich mit den entsprechenden Artikeln des Grundgesetzes kann für die Themenwahl die Verfassung der DDR von 1974 herangezogen werden.

5%-Klausel — Welche Bedeutung messen Sie dieser Einschränkung für die Stabilität der politischen Verhältnisse in der Bundesrepublik zu?

Zum Vergleich kann die Parteien-Vielfalt der Weimarer Republik hinzugezogen werden.

Wahlplakate — Mit welchen Argumenten werben die Parteien hier um die Gunst der Wähler? — Welche Wählerschichten werden damit vor allem angesprochen?

Einige Plakate werden an der Tafel befestigt.

Bei den Bundestagswahlen 1972 sind Wählerinitiativen weit stärker als zuvor hervorgetreten — Sehen Sie darin einen Fortschritt zu mehr Teilhabe an politischen Entscheidungen?

Stammwähler und Wechselwähler — Wie stellen sich die Parteien im Verlauf eines Wahlkampfes darauf ein?

Zur Vorbereitung: Politische Wahlen in der Bundesrepublik Deutschland, Zeitschrift Politische Bildung, Jahrgang 5, Heft 4, mit Materialien für die Hand des Schülers, Klett-Verlag, 1972.

Fortschrittliches Völkerrecht im Grundgesetz — Interpretieren Sie Art. 24, 25, 26/1! (13. Schj.)

Vorausgegangen ist eine Einführung in das Völkerrecht und dessen gegenwärtige Fortentwicklung. Zu beachten ist, was es bedeuten würde, wenn alle Verfassungen „eine allgemeine, umfassende, obligatorische, internationale Schiedsgerichtsbarkeit" anerkennen. Zu fragen ist aber auch nach den Aussichten für eine Realisierung in der gegenwärtigen Welt.

Zu einer aktuellen Frage der Bildungspolitik (Sozial-, Konjunkturpolitik) sollen unterschiedliche Auffassungen von Regierungs- und Oppositionsparteien herausgearbeitet und beurteilt werden.

Vorgelegt werden Auszüge aus der Wochenzeitung „Das Parlament". In ihrer Stellungnahme können die Bearbeiter eine Auswahl in den Gesichtspunkten treffen, nach besonderem Interesse und Informationsstand.

Wie ist das Wort „friedliche Koexistenz" zu verstehen, und wie ist es nicht zu verstehen?

Das Thema müßte in einen aktuellen Zusammenhang gefügt werden; eine Äußerung von maßgeblicher kommunistischer Seite erleichtert die Bearbeitung.

Vereinte Nationen

An einem aktuellen Konflikt soll dargestellt werden, welche Möglichkeiten den Vereinten Nationen zu dessen Beilegung gegeben sind und wie diese genutzt wurden.

An einem aktuellen Konflikt soll dargestellt werden, welche Gruppierungen zutage traten, wenn über mehrere Resolutionsentwürfe abgestimmt wurde, z. B. bei dem Konflikt zwischen den arabischen Ländern und Israel.

Ein Tafelschema zeigt die Abstimmungsergebnisse.

Was hat der Sicherheitsrat für die Beilegung des Konflikts um ... getan? — Wie beurteilen Sie danach Zusammensetzung und Abstimmungsverfahren dieser zur Sicherung des Weltfriedens berufenen Institution?

Wie stellte sich der Konflikt zwischen Industrie- und rohstoffverarbeitenden Ländern in der jüngsten Vollversammlung der Vereinten Nationen dar? — Auswertung eines Zeitungsberichts.

Gibt es einen „gerechten Krieg"? — Berücksichtigen Sie die veränderten Gegebenheiten der Gegenwart!

Entwicklungsländer

Entwicklungshilfe in unserer Stadt — Welche menschliche Aufgabe erwächst aus der Anwesenheit junger Techniker, Fach- und Hochschüler, Krankenschwestern usw. aus den Entwicklungsländern?

Was sind Entwicklungsländer? — Versuch einer Differenzierung dieses Sammelbegriffs unter ökonomischen und politischen Aspekten (Hausaufsatz).

Hierzu: Politik und Gesellschaft, Bd. 2. Hirschgraben-Verlag, Frankfurt

Entwicklungshelfer — Aufgaben und Probleme

Nach dem Bericht eines Entwicklungshelfers im Haus der Jugend.

Bilaterale oder multilaterale Hilfe — was halten Sie für besser?

Ein aktueller Anlaß wird in das Thema einzubeziehen sein. Beispiele für beide Arten der Entwicklungshilfe sind zuvor im Unterricht gegeben.

„Erziehungsdiktatur" in den neuen Staaten Afrikas — Warum lassen sich demokratische Regierungsformen dort nicht ohne weiteres anwenden?

Vorausgegangen ist in der Gemeinschaftskunde die modellartige Behandlung eines dieser Länder, z. B. Ghanas. Die Verschiedenheit der gesellschaftlichen Struktur müßte herausgearbeitet werden, für die u. a. bezeichnend ist, daß die Arbeiter bei ihrem festen Einkommen so etwas wie eine privilegierte Schicht darstellen.

Die indische Regierung erlaubt Sterilisation für 26jährige Frauen und 30jährige Männer, wenn sie bereits drei Kinder (darunter einen Sohn) haben. Sie zahlt außerdem Prämien an alle, die sich einer solchen Operation unterziehen. — Welches sind die Gründe hierfür? — Nehmen Sie Stellung!

In einer Woche wächst die Weltbevölkerung um eine halbe Million Menschen — Untersuchen Sie, wie Technik und Bevölkerungswachstum sich wechselseitig bedingen.

Das Thema ist dem 12. Schuljahr vorbehalten. Ergebnisse der Bevölkerungssoziologie sind aus dem gemeinschaftskundlichen Unterricht bekannt geworden. Über die Phasen des Bevölkerungswachstums informiert u. a. Gehlen-Schelsky: Soziologie, Lehr- und Handbuch.

Europäische Integration

Wie steht es um die politische Integration der EG-Länder?

Hierzu: Politik und Gesellschaft, Bd. 2. Hirschgraben-Verlag, Frankfurt.

Begegnung mit dem modernen Frankreich (Italien usw.) — Reisenotizen und Vergleiche

Franzosen (Italiener) und Deutsche — Haben sich die Beziehungen zwischen den beiden Völkern grundlegend gewandelt, oder entspringt die Zusammenarbeit nur dem Zwang der politischen Lage?

Nach einer Frankreichfahrt oder einem Diskussionabend mit jungen Franzosen (Italienern, Engländern usw.).

5. Begriffserläuterung — Textanalyse — textgebundene Aufsätze

Aufgaben zur Begriffserläuterung

In Sprachlehren wird – vor allem für den Übergang zur Sekundarstufe II – die Begriffserläuterung gepflegt. Die Wichtigkeit solcher Übungen liegt auf der Hand, denn nur zu leicht geht der Schüler mit Begriffen um, deren Sinn er sich nicht klargemacht hat. Daher ist es auch etwa vom 8. Schuljahr an angebracht, Abstraktes auf seine konkreten Ursprünge zurückzuführen, wobei eingewöhnte Wörter der Umgangssprache untersucht werden. Der Schwerpunkt liegt aber im 11. Schuljahr. Danach werden diese Übungen an schwierigeren Begriffen fortgesetzt und finden in einem Klassenaufsatz ihren Abschluß. In Baden-Württemberg fanden 1965 Begriffserläuterungen Eingang in die zentral gestellten Reifeprüfungsthemen[1].

Wie stellen wir solche Aufgaben? – Nach dem bekanntesten Verfahren wird den Schülern aufgetragen, einen Begriff, ein Begriffspaar oder auch eine Reihe sinnverwandter Wörter zu bestimmen und durch Beispiele zu erläutern. Es empfiehlt sich aber auch – und dies besonders bei den ersten Versuchen in der Sekundarstufe I –, eine Analyse von Behauptungssätzen verschiedenen Inhalts oder unterschiedlicher Denkweise vornehmen zu lassen, z. B.

Wir erneuern die Schulordnung. — Er hält sein Zimmer in Ordnung. Untersuche, wie in diesen beiden Sätzen der Begriff Ordnung verschieden verwendet wird. (ab 9. Schj.)

Erläutere die verschiedene Bedeutung des Wortes „haben" in den drei Sätzen: Wir haben eine neu eingerichtete Wohnung. — Wir haben schönes Wetter.— Wir haben Glück. (ab 9. Schj.)

„Arbeit ist des Bürgers Zierde ..." (Schiller, Lied von der Glocke) — Die Arbeitszeit des Arbeitnehmers beträgt in der Regel 40 Stunden pro Woche. — Untersuchen Sie, wie der Begriff Arbeit jeweils verstanden ist! (ab 11. Schj.)

Später mögen die Schüler solche Sätze selbst bilden, so bei dem folgenden Thema für die 12. Klasse:

Bestimmen und erläutern Sie den Begriff Bewußtsein nach Sätzen, in denen er verschieden verwendet wird.

Eine Fülle von Anregungen für die Begriffserläuterung bietet: Otto Friedrich Bollnow, Wesen und Wandel der Tugenden (Ullstein-Taschenbuch 1958). Als Klassenlektüre eignet sich dieses Buch von der 11. Klasse an. Einige der darin enthaltenen Begriffserläuterungen werden gemeinsam gelesen, der Inhalt wird in mündlichen und schriftlichen Übungen erschlossen und im Gespräch mit eigenen Erfahrungen verglichen. Darauf gründen sich dann später eigenständige Arbeiten.

---

[1] Vgl. Wolfgang Hegele, Die Begriffserläuterung als Aufsatzform. In: Der Deutschunterricht, März 1965.

Als Beispiel für eine solche Übung sei zunächst genannt:

Erläuterung des Begriffs Sparsamkeit

Sparsamkeit wird zunächst in der naheliegenden Bedeutung des Umgangs mit Geldmitteln und Vorräten bestimmt, im weiteren als das Haushalten überhaupt etwa mit den körperlichen Kräften. In jedem Fall ist Sparsamkeit zukunftgerichtet. Im privaten Bereich gilt, daß nicht „ins Leere gespart" wird, sondern in Hinsicht auf ein konkretes Ziel, wie in Beispielen darzulegen ist. Der Begriff Sparsamkeit kann weiterhin in seiner volkswirtschaftlichen Bedeutung bestimmt und erläutert werden.

Lehrreich ist, wie Bollnow den Begriff in zwei Richtungen abgrenzt. Er entwickelt jeweils das Gegenteil (bei diesem Begriff also die Verschwendung) und das Extrem (bei diesem Begriff der Geiz). Auf diese Weise wird zugleich einer utopischen Behandlung solcher Tugendbegriffe vorgebeugt. Deren skeptische Deutung wird im übrigen gefördert, wenn Brechts Stück „Mutter Courage" etwa zur gleichen Zeit Klassenlektüre ist oder sogar in einer Aufführung gesehen werden kann.

In ähnlicher Weise kann über den *Fleiß* gearbeitet werden (S. 50 ff.) oder über das Begriffspaar *Muße* und *Faulheit,* wobei dem Thema der provokatorische Schluß aus Büchners „Leonce und Lena" beigegeben werden mag. Weitere Themen dieser Art:

Das Engagement (S. 79)

Die Besonnenheit (S. 97)

„Herder ... versteht unter Besonnenheit allgemein die Fähigkeit, zwischen dem andringenden Reiz und der darauf antwortenden Reaktion innezuhalten und durch diese Pause dann die Freiheit zu gewinnen, die der Reaktion die Zustimmung gibt und sie damit erst zur Tat im eigentlichen Sinn macht oder aber ihr die Zustimmung verweigert."

Die Bescheidenheit (als Zug des modernen Lebens) (S. 122 ff.)
Wahrheit und Wahrhaftigkeit (S. 138 ff.)
Gerechtigkeit, aus Berufssituationen erläutert (S. 185) usw.

Weitere Begriffspaare:
schlau — klug
ruhig — bedächtig
höflich — servil
Vergnügen — Freude
Wut — Zorn
Ironie — Humor
Menge — Masse

Begriffsreihen:
Begeisterung — Schwärmerei — Fanatismus
Grenzen Sie diese Begriffe gegeneinander ab und verwenden Sie dabei Beispiele aus Ihrem Erfahrungsbereich!
Diskussion — Gespräch — Konversation
Zufall — Schicksal — Fügung (nach einem Gespräch im Religionsunterricht)

Ungeachtet der Möglichkeiten, welche uns die Gemeinschaftskunde für die Vorbereitung des Aufsatzes bietet, bleibt die Sorge um eine Überforderung der Schüler, um Verfrühung vor allem, und dies führt zu sprachlicher Minderleistung, zum Stammeln im Mündlichen und zu unbeholfenem Gerede im Aufsatz. Werden sie nicht schon mit der Stoffsammlung so zu tun haben, daß sie zu eigenständiger Auswahl und Darstellung gar nicht mehr kommen? – Gegenüber dieser Besorgnis bietet der konkrete Text eine beachtliche Hilfe.

Der deutsche Unterricht ist das methodenbildende Fach hinsichtlich der Texterschließung und Textinterpretation. Dies beginnt im Grunde genommen bereits sehr früh mit der Wiedergabe einer Lesebuchgeschichte. Die Lesebücher bringen dann in ihren späteren Folgen neben literarischen und ästhetischen Texten auch solche zeitbetrachtenden, zeitkritischen und philosophischen Inhalts. Hinzu kommt das Quellenstudium in der Geschichte, die Erschließung staatstheoretischer oder soziologischer Texte in der Gemeinschaftskunde, die gemeinsame Lektüre von Texten im Fach- bzw. Kursunterricht. Die sprachliche Bewältigung führt dann wieder auf den deutschen Unterricht zurück, indem sich erst im Aufsatz erweist, was davon verarbeitet und vertieft werden konnte.

Wenn wir in der Einführung zum vorigen Kapitel von der kritischen Darstellung eines Sachverhalts sprachen, so liegt hier eine ähnliche Aufgabe vor. Zunächst einmal muß der Sachverhalt als solcher erkannt werden. Entsprechend wird sich der Schreibende bei diesen Aufgaben erst darin üben müssen, den gedanklichen Gehalt eines Textes zu erkennen und wiederzugeben. In der Reifeprüfung zeigt sich immer wieder, daß manche Primaner dies nicht gelernt haben. Wie sollen sie dann zur Interpretation fähig sein!

Die Erschließung eines Textes erkennen wir also als eine Aufgabe an, die einen spracherzieherischen Wert besitzt. Der Schüler überträgt die in dem Text enthaltenen Gedanken in seine Sprache, wobei er einzelne Formulierungen des Verfassers anführen und in seinen Satz einfügen mag. Wenn er den Text dann interpretatorisch verwenden soll, wird er nicht mehr „frei schweben", sondern in seinen Deutungen daran anknüpfen, was in dem Text wirklich gesagt ist. Dies entspricht, im gedanklichen Verlauf, einem redlichen Gespräch. Tatsächlich vermag sich der Bearbeiter bei textgebundenen Aufsätzen in die Gesprächssituation hineinzuversetzen. Er wird zum Gesprächspartner eines Sachkenners, eines Autors, er nimmt dessen Wort auf, wendet es, setzt sich damit auseinander.

Die Überschrift kann neutral gehalten sein, sie soll jedenfalls den Bearbeiter nicht schon in eine Richtung weisen. Einen wesentlichen Gedanken mag sie schon enthalten, so daß der Schreibende eine Hilfe, einen Ausgangspunkt findet. Dies wird gerade bei solchen Texten gegeben sein, die ein beträchtliches Maß an Übereinstimmung erwarten lassen. Wenn der Text jedoch dazu geeignet ist, zum Widerspruch herauszufordern, dann genügt es wohl zu fragen: Wie stehen Sie dazu? – In dem von Walter Killy herausgegebenen Lesebuch „Zeichen der Zeit" findet sich ein Text von Ludwig Feuerbach: Die Nichtigkeit des Gottglaubens (Band III, S. 364). Dies ist ein Text, auf den das eben Gesagte anzuwenden wäre.

Die Gliederung ergibt sich, wenn der Schreibende die Gedanken des Textes ordnet und den Schwerpunkt der Untersuchung nach eigenem Anliegen selbst schafft.

Einüben in Lernschritten

Das Einüben der Aufgaben braucht einige Zeit, im Klassen- wie im Kursunterricht. Wir verfahren systematisch in Lernschritten, ohne die Schüler auf ein starres Schema zu fixieren. Im Unterrichtsgespräch, in Übungsstunden, in gemeinsamer Beurteilung von Hausaufgaben, in Gruppenarbeit werden verschiedene Arbeitsweisen und Darstellungsformen erprobt. Zur Textanalyse gehören Gedankengang und Erläuterungen.

1. Im Textreferat erschließt der Bearbeiter nach kritischem Lesen den Gedankengang. An einen satzweisen Ablauf ist er nicht gebunden, zumal der Text in beträchtlicher Kürzung (je nach Gehalt ein Viertel bis ein Drittel des Umfangs) wiedergegeben wird. Er kann sein Referat durchgängig fassen oder in numerierten Abschnitten aus der Übersicht anordnen. Die Distanz zum Text erfordert Sicherheit in indirekter Wiedergabe, einschließlich der Verwendung des Konjunktivs. Der Schreibende überträgt den Gedankengang des Textes in seine eigene Sprache, soweit dies möglich ist, ohne die substantielle Aussage zu verändern.

2. Die Erläuterungen dienen einem tieferen Textverständnis. Dabei werden sprachliche Elemente mit gedanklichem Nachgreifen zu verbinden sein. Der Bearbeiter fragt nach der Redeabsicht des Autors, und daraus entwickeln sich Anmerkungen zu der vorliegenden Stilschicht hinsichtlich der Syntax und der Wortwahl, gegebenenfalls auch der Metaphorik und eindeutig feststellbarer Wort- und Satzfiguren. Hierbei variieren Ansatzpunkte und Ergiebigkeit ganz beträchtlich gemäß der jeweiligen Textqualität. Zu den Erfordernissen gehört, daß sich der Schreibende um die Klärung solcher zentraler Begriffe bemüht, die er in der Stellungnahme aufnimmt und diskutiert. Wenn nicht lexikalische Definitionen dem Thema beigegeben werden, sollte das Lexikon bereitstehen. Nach Möglichkeit ist der lexikalische Begriff im eigenen Verständnis zu erläutern. Im Gesamt der Arbeit haben die Erläuterungen eine Brückenfunktion, was auch ihrem Umfang Grenzen setzt.

3. Die Stellungnahme ist damit von allem entlastet, was nicht zur direkten Auseinandersetzung mit den Auffassungen des Autors gehört. Die Auseinandersetzung hat es mit Schlüssigkeit und Einsehbarkeit zu tun, ferner mit dem Grad an Übereinstimmung zu gegenwärtiger Wirklichkeit. In der Bestätigung, im Widerspruch kann der Bearbeiter dies durch Beispiele aus seinem Informations- und Erfahrungsfeld belegen. Was ihm weniger vertraut ist oder weniger interessiert, sollte er benennen, ohne sich allerdings von dem wesentlichen Problemgehalt zu entfernen. Der Aufsatz sollte nicht unvermittelt abbrechen, sondern einen gedanklichen Abschluß finden; dieser kann gehaltlich durchaus in der Offenheit des Problems bestehen. In dem Bereit-

halten womöglich unreflektierter Lösungen kann das didaktische Ziel nicht bestehen, es richtet sich vielmehr auf die Weckung des Problembewußtseins mit Hilfe der schriftlichen Aussage.

Beispiele für textgebundene Aufsätze:

Hugo von Hofmannsthal: Der Ersatz für die Träume

Text: Gesamtausgabe, S. Fischer Verlag, Frankfurt/M.

Gehen Sie den Gedanken Hofmannsthals nach und beziehen Sie diese auf unsere Zeit!

„Was die Leute im Kino suchen, sagte mein Freund, mit dem ich auf dieses Thema kam, was alle die arbeitenden Leute im Kino suchen, ist der Ersatz für die Träume. Sie wollen ihre Phantasie mit Bildern füllen, starken Bildern, in denen sich Lebensessenz zusammenfaßt, die gleichsam aus dem Inneren des Schauenden gebildet sind und ihm an die Nieren gehen. Denn solche Bilder bleibt ihm das Leben schuldig. (Ich rede von denen, die in den Städten oder großen zusammenhängenden Industriebezirken wohnen, nicht von den anderen, den Bauern, den Schiffern, Waldarbeitern oder Bergbewohnern). — Ihre Köpfe sind leer, nicht von Natur aus, sondern eher durch das Leben, das die Gesellschaft sie zu führen zwingt. Da sind diese Anhäufungen von kohlengeschwärzten Industrieorten, mit nichts als einem Streifchen von Wiesengras zwischen ihnen, und den Kindern, die da aufwachsen, von denen unter sechstausend nicht eines im Leben eine Eule gesehen hatte, oder ein Eichhörnchen oder eine Quelle, da sind unsere Städte, diese endlosen einander durchkreuzenden Häuserzeilen; die Häuser sehen einander ähnlich, sie haben eine kleine Tür und Streifen von gleichförmigen Fenstern, unten sind die Läden; nichts redet zu dem, der vorüberkommt, oder der ein Haus sucht: das einzige, was spricht, ist die Nummer. So ist die Fabrik, der Arbeitssaal, die Maschine, das Amt, wo man Steuer zahlen oder sich melden muß: nichts davon bleibt haften als die Nummer. Da ist der Werktag: die Routine des Fabriklebens oder des Handwerks; die paar Griffe, immer die gleichen; das gleiche Hämmern oder Schwingen oder Feilen oder Drehen; und zu Hause wieder: der Gaskocher, der eiserne Ofen, die paar Geräte . . ."

Aus den ersten Worten geht hervor, daß der Leser der Aufzeichnung eines Gesprächs folgt. Hofmannsthals Aufsatz liegt etwa 45 Jahre zurück, und es müßte für den Bearbeiter reizvoll sein zu ergründen, in welchem Umfang Beobachtungen und Gedanken des Dichters heute noch gelten. Zweierlei ist auffallend und könnte Grundlage der Gliederung sein:

1. Die Wirkungsweise des Films mit seinen „starken Bildern",
2. der soziale Hintergrund, der dem Film eine solche Mächtigkeit verleiht.

Am Beispiel eines Filmes mag der Schreibende ergründen, was eigentlich daran „an die Nieren geht" und den Charakter eines Ersatzes für die Träume annimmt. Hofmannsthal stellt dem Leben des Menschen in der Industrielandschaft naturnahe Berufe gegenüber. Für erstere gilt das Erlebnis aus zweiter Hand, sie haben den Stoff für die Träume, für Wünsche und schöne Vorstellungen aus dem Kino. Das gilt schon für die Kinder der Großstädte, die keine direkte Beziehung mehr zur Natur haben. Die Gleichförmigkeit des Arbeitsprozesses weckt das Verlangen nach einem anderen Leben; hierfür stellt aber die eigene Phantasie keine Vorstellungen mehr bereit.

Soweit besteht Übereinstimmung mit dem Text, und die Bearbeiter werden aus ihrem Erfahrungsbereich manches hinzufügen oder auch abwandeln können. Die sozialen Verhältnisse haben sich aber gewandelt. Geschwunden ist weitgehend die Armut der „arbeitenden Leute". Fabriken und Wohnviertel bieten nicht mehr das düstere Einerlei, wie es Hofmannsthal mit wenigen Strichen gezeichnet hat. Dennoch ist die Vorliebe für optische Aussagen geblieben, und diese tritt eher noch verstärkt auf durch die weite Verbreitung des Fernsehens. Gegen Ende des Aufsatzes kann also der Schritt vollzogen werden, diese Zeiterscheinung von der sozialen Notlage zu lösen und auf den Zustand unserer Gesellschaft überhaupt zu beziehen.

Friedrich Naumann: Der Staatsbürger (ed. 1920)

Was sagt dieser Text über die Einstellung vieler Deutscher zur Politik? — Nehmen Sie dazu aus den Erfahrungen der Gegenwart Stellung. (ab 11. Schj.)

„Du bist ein Staatsbürger! Ich spreche zu dir als Staatsbürger zum Staatsbürger, und meine Absicht ist, deine tiefe Gleichgültigkeit gegen dein Staatsbürgerrecht zu überwinden. Ich weiß, daß dir die nebensächlichsten Dinge ebensoviel wert sind wie dieses Recht. Man könnte es dir über Nacht stehlen, und du würdest es kaum merken. Vielleicht würde dich dann das Geschrei der anderen ein wenig aus dem Schlummer wecken, aber du, du selbst würdest dich nicht ärmer fühlen, wenn du morgen wieder Untertan sein würdest und nicht Staatsbürger. Ist es denn so schlimm, Untertan zu sein? Man versteht doch nur wenig vom Staat! Und Ruhe ist so bequem! Was sollst du dich aufregen? Die Welt wird ja doch ohne dich ihren Gang gehen. Was kommen soll, das kommt. Ich sehe es ordentlich, wie du auf der einen Seite deines Sofas sitzest und dir dort deutlich machst, weshalb du auf dein Staatsbürgertum gar keinen Wert zu legen brauchst.

Und wenn du nur ein Vereinzelter wärest, der so denkt, so könnte man dich gehen lassen, denn in der Tat, du allein änderst die Welt nicht. Ob du etwas tust, es kann Wert haben, aber es kann auch wertlos sein, denn was ist Einer? Aber das Unglück ist nur, daß du kein Vereinzelter bist. Indem ich zu dir rede, meine ich tausend und zehntausend. Ihr alle seit politisch schlaff! Verzeiht den harten Ausdruck, aber er ist richtig: ihr seid politisch gedankenlos! Im übrigen mögt ihr prächtige Leute sein, gute Hausväter und Männer von Ehre. Auch soll man euch Pflichtgefühl im allgemeinen nicht absprechen, nur hat euer Pflichtgefühl eine Lücke. Ihr habt Pflichtgefühl gegenüber eurem Beruf und euren Kindern, aber nicht gegenüber dem Staat. Kein Mensch wird von euch zu staatsbürgerlichem Handeln angeregt, denn wie soll jemand andere erwärmen, der selber kalt ist? Euer Patriotismus ist inhaltslos, denn ihr überlaßt das Vaterland, zu dem ihr euch bekennt, seinem Schicksal. Für euch haben diejenigen Vorfahren, die für die Rechte des Bürgers gestritten haben, ihre Opfer ganz umsonst gebracht. Wer weiß, ob es nicht den Tod der Edelen getrübt haben würde, wenn sie euch hätten vorhersehen können! Sie glühten für die Mitbeteiligung aller Bürger an der Staatsleitung, und ihr begreift eigentlich gar nicht mehr, warum sie sich so angestrengt haben, Parlamente zu schaffen, Wahlen einzuführen, Vereinsrechte zu erlangen . . ."

Was können die Bearbeiter dem Text entnehmen?

Welche Anstöße für eine Projektion dieser Gedanken in die Gegenwart enthält der Text?

Naumann hat die Form der persönlichen Ansprache, der Rede, gewählt und gibt seinen Worten damit Eindringlichkeit. Bürgerliches Behagen und Eingezogenheit in den vier Wänden — das Bild des Sofas gehört dazu — sind mit politischer Gleichgültigkeit verknüpft, wie sie im Untertanenstaat, der die deutsche Geschichte so lange beherrschte, gewollt war. Aus den Ergebnissen des Geschichtsunterrichts können die Bearbeiter diesen lang andauernden Zustand für die Zeit der Restauration und Reaktion herausarbeiten, in der sich aber auch der Aufbruch der demokratischen Kräfte vollzog, von denen Fr. Naumann im letzten Satz dieses Textes spricht. Diese Überlegung wird zeitgeschichtlich fortzuführen sein, denn Naumanns Anruf bezieht sich direkt auf die staatsbürgerliche Gleichgültigkeit in der Epoche des ersten Weltkrieges.

Eine Deutung des Textes wäre zu eng gefaßt, wollte sie sich auf die historische Erfahrung beschränken. Schon mit den ersten Sätzen ist das gegenwärtige Verhalten einbezogen und die zukünftige Folge eines Rückfalls in Untertanenverhältnis und Knechtung beschworen. Naumann sieht den etwa 15 Jahre später erfolgten Verfassungsbruch durch die Nationalsozialisten voraus, wenn nicht eine Wandlung zu staatsbürgerlicher Verantwortung erfolgt. Die Rechte, die mit der Verfassung gegeben sind, der Weimarer Verfassung in dem letzten Lebensjahr Naumanns, des Grundgesetzes heute, werden zu selbstverständlich genommen. Die Bearbeiter müßten sich also vor Augen führen, daß der Bestand der demokratischen Freiheiten schon gefährdet ist, wenn sich die Staatsbürger, die jungen nicht zuletzt, ihnen gegenüber gleichgültig verhalten. Die Grundrechte bieten Beispiele genug, das Recht auf Meinungs- und Pressefreiheit, Religionsfreiheit, freie Parlamentswahlen u. a. Aus jedem dieser Rechte geht eine Pflicht hervor. Damit könnte die Darstellung bei dem zentralen Gedanken des Textes angelangt sein.

Wenn auf der einen Seite Ignoranz gegenüber dem staatlichen Leben verzeichnet wird, Unverständnis gegenüber dem politischen Leben aus Bequemlichkeit könnte man in erweiterter Bedeutung sagen, so haben die gleichen Menschen ihr ausgeprägtes Pflichtgefühl im Beruf und gegenüber ihrer Familie.

Wie steht es mit dieser Lücke im Pflichtgefühl heutzutage? — so könnte die Leitfrage für eine Aktualisierung des Textes lauten. Der Schreibende mag von sich selbst ausgehen, denn „wie soll jemand andere erwärmen, der selber kalt ist?" Das politische Engagement, die Mitwirkung am politischen Leben aus Pflicht, kann sich sodann aber nicht in der Zurückgezogenheit, im bloßen Interesse an den politischen Verhältnissen erschöpfen, sondern verlangt den Partner und verlangt die Weitergabe von Überzeugungen.

Augustinus: De civitate Dei (ab 12. Schj.)

„Was sind Reiche ohne Gerechtigkeit anders als große Räuberbanden? Sind Räuberbanden etwas anderes als kleine Reiche? Sie sind eine Schar von Menschen, die durch das Machtwort eines Herrschers regiert und durch einen Gesellschaftsvertrag zusammengehalten werden; die Beute verteilen sie nach vorher getroffener Übereinkunft. Wenn ein solches Unwesen durch den Beitritt verworfener Menschen so sehr in die Größe wächst, daß es Gebiete besetzt, Niederlassungen gründet, Staaten erobert und Völker unterjocht, nimmt es ohne weiteres den Namen „Reich" an, den ihm offenbar nicht die erloschene Leidenschaft, sondern die inzwischen erworbene Straflosigkeit verleiht. Eine freimütige und richtige Antwort hat in dieser Hinsicht einst ein erwischter Seeräuber Alexander dem Großen gegeben. Als der König ihn fragte, was ihm eigentlich einfalle, daß er das Meer unsicher machte, erwiderte er kühn und trotzig: „Und was fällt dir ein, daß du den Erdkreis in Unruhe versetzt? Weil ich es auf einem kleinen Fahrzeug tue, nennt man mich einen Räuber, und weil du es mit einer großen Flotte besorgst, heißt du Weltherrscher."

Augustinus hat die Entstehung der germanischen Staaten in den Provinzen des Römischen Reiches aus dem Erschrecken und aus der Erschütterung seiner Zeit gekennzeichnet. Ein tiefverwurzeltes Mißtrauen gegen staatliche Macht überhaupt geht aber aus der Anekdote über Alexander den Großen hervor, der doch immerhin griechischen Geist, griechische Stadtkultur mit seinen Eroberungszügen verbreitete. Die Weltuntergangsstimmung, das Bewußtsein einer Spätzeit wie eines Neubeginns müßte von den Bearbeitern herausgehört werden.

Es müßte zuvor ein längerer Textauszug gelesen sein, aus dem dann eine Stelle, wie die zuvor zitierte, Gegenstand der Klassenarbeit ist.

Für die Bearbeitung sind folgende Wege offen:

1. Eine Textdeutung, die sich auf die Zeitenwende, den Zusammenbruch des Römischen Reiches, den Beginn des Mittelalters konzentriert,
2. eine Transformation seiner Gedanken auf die Gegenwart, wobei der Begriff der sozialen Gerechtigkeit als wesentlicher Staatszweck einbezogen wird.

Gegebenenfalls:

3. Eine theologische Untersuchung über die Zugehörigkeit des Staates „zum Reiche Gottes zur Linken". In dieser Auffassung fußt Martin Luther auf Augustinus (s. Fischer-Lexikon „Christliche Religion").
4. Begründung des gewaltenteiligen Systems als des einzigen Weges, den von Augustinus beschriebenen Raubcharakters des Staates zu bändigen.

Für die letztgenannten Möglichkeiten müßte eine beträchtliche Vorbereitung in der Religion bzw. in der Gemeinschaftskunde vorausgegangen sein. Dann allerdings ergibt sich nach unseren Erfahrungen noch ein großer Spielraum für den Bearbeiter.

Karl Jaspers: Ursprung und Ziel der Geschichte

Arbeit im technischen Zeitalter — Gewinn und Verlust

„Im ganzen ist eine faktische Arbeitserleichterung und Arbeitsverminderung durch Technik angesichts unserer heutigen Realität so fraglich, daß man vielmehr denken kann, der Mensch würde durch Technik erst recht bis zum Äußersten seiner Kräfte angespannt. Die moderne Technik hat jedenfalls zunächst eine gewaltige Arbeitssteigerung der darin wirkenden Menschen gebracht. Trotzdem liegt in den technischen Möglichkeiten das Prinzip der Verringerung der leiblich ruinösen Arbeiten und es bleibt gerade durch die moderne Technik die Idee einer wachsenden Befreiung des Menschen von der physischen Arbeitslast zugunsten der Muße zur Entfaltung seiner freien Möglichkeiten."

Dieser Text von wenigen Sätzen ist dem Kapitel „Die moderne Technik" entnommen. Das Kapitel ist im Unterricht — und zwar in der Gemeinschaftskunde — gelesen. Andere Abschnitte waren bereits Gegenstand einer Hausaufgabe im Deutschen, so daß den Schülern Jaspers' Methode des Zusammenfügens von Ergebnissen verschiedener Wissenschaften propädeutisch bekannt ist. Eindrücke von der Besichtigung eines Industriewerks (vgl. das entsprechende Thema im vorangegangenen Kapitel) beleben den Gedankengang. Dieser könnte sich nach folgendem Gliederungsschema entfalten:

1. Arbeitserleichterung, aber eine neue Beanspruchung der Kräfte,
2. weit größere Produktivität bei verringerter Arbeitszeit,
3. bildhaft darzustellen: „Verringerung der leiblich ruinösen Arbeiten",
4. sinnvolle Verwendung der hinzugewonnenen Freizeit als Idee.

Ohne den Text wäre das Thema zu weitläufig, nun aber ist durch die Anlehnung an die Gedanken des Philosophen eine Bewältigung des Zusammenhanges möglich, dessen Glieder ja tatsächlich nicht voneinander zu trennen sind.

Der philosophische Begriff der Freiheit (S. 149 ff.)

„Freiheit kann nie Besitz werden. Es gibt keine isolierte Freiheit. Daher opfert der Einzelne die Starre seiner leeren Freiheit zugunsten einer erst im Miteinander zu erwerbenden Freiheit."

Die Vorbereitung ist in gleicher Weise erfolgt, wobei die Begründungen für den Gedankengang aus der Beobachtung des gesellschaftlichen Lebens gewonnen sind. Das dialektische Denkprinzip wird an einem anspruchsvollen, den jungen Menschen aber auch angehenden Gegenstand entfaltet.

Zur Anthropologie von Karl Marx

Karl Marx analysiert die Selbstentfremdung des Menschen. Folgen Sie diesem bedeutenden Gedanken und nehmen Sie sodann dazu Stellung, wie Marx in dem Privatbesitz an Produktionsmitteln die letzte Ursache für diese Entfremdung sieht!

Zu diesem wie zu dem folgenden Thema Vorbereitung und Texte bei Iring Fetscher, Von Marx zur Sowjetideologie. Verlag M. Diesterweg, Frankfurt/M.

Unterscheiden Sie bei den folgenden Sätzen aus dem Kommunistischen Manifest zwischen der Analyse der um 1850 bestehenden Verhältnisse und der darin enthaltenen Prognose!

„Unsere Epoche, die Epoche der Bourgeoisie, zeichnet sich jedoch dadurch aus, daß sie die Klassengegensätze vereinfacht hat. Die ganze Gesellschaft spaltet sich mehr und mehr in zwei große feindliche Lager, in zwei große, einander direkt gegenüberstehende Klassen: Bourgeoisie und Proletariat."

Ein Thema zur gegenwärtigen kommunistischen Ideologie:

Eigenschaften des Neuen Menschen — Erschließen Sie den folgenden Text aus dem Programm der kommunistischen Partei der Sowjetunion aus dem Jahre 1961 und nehmen Sie dazu Stellung! (Text nach Boris Meissner, Das Programm der KPdSU 1903 bis 1961. Verlag Wissenschaft und Politik, Köln 1962)

— Treue zur Sache des Kommunismus, Liebe zur sozialistischen Heimat, zu den Ländern des Sozialismus;
— gewissenhafte Arbeit zum Wohle der Gesellschaft: Wer nicht arbeitet, soll auch nicht essen;
— Sorge eines jeden für die Erhaltung und Mehrung des gesellschaftlichen Reichtums;

— hohes gesellschaftliches Pflichtbewußtsein, Unduldsamkeit bei Verstößen gegen die gesellschaftlichen Interessen;
— Kollektivgeist und kameradschaftliche Hilfe: Einer für alle, alle für einen;
— humanes Verhalten und gegenseitige Achtung der Menschen: Der Mensch ist des Menschen Freund, Kamerad und Bruder;
— Ehrlichkeit und Wahrheitsliebe, sittliche Sauberkeit, Schlichtheit und Bescheidenheit im gesellschaftlichen wie im persönlichen Leben;
— gegenseitige Achtung in der Familie, Sorge für die Erziehung der Kinder;
— Unversöhnlichkeit gegenüber Ungerechtigkeit, Schmarotzertum, Unehrlichkeit, Strebertum und Habgier;
— Freundschaft und Brüderlichkeit aller Völker der UdSSR, Unduldsamkeit gegenüber nationalem Zwist und Rassenhader;
— Unversöhnlichkeit gegenüber den Feinden des Kommunismus, des Friedens und der Völkerfreiheit;
— brüderliche Solidarität mit den Werktätigen aller Länder, mit allen Völkern.

... Jedem ist gleiche und freie Wahl der Beschäftigung und des Berufes unter Berücksichtigung der Interessen der Gesellschaft gesichert. Je geringer der Zeitaufwand für die materielle Produktion ist, desto größer werden die Möglichkeiten zur Entwicklung der Fähigkeiten, Begabungen und Talente in Produktion, Wissenschaft, Technik, Literatur und Kunst. Die Menschen werden ihre Freizeit in zunehmendem Maße der gesellschaftlichen Tätigkeit, dem kulturellen Leben, der geistigen und körperlichen Entwicklung wie auch dem wissenschaftlich-künstlerischen Schaffen widmen. Körperkultur und Sport werden aus dem Leben der Menschen nicht mehr wegzudenken sein.

Überwindung der Überbleibsel des Kapitalismus im Bewußtsein und Verhalten des Menschen. Die Partei betrachtet den Kampf gegen Erscheinungen der bürgerlichen Ideologie und Moral, gegen die Überreste der Privateigentümermentalität, gegen Aberglauben und Vorurteile als Bestandteil der kommunistischen Erziehung.

... Die Partei benutzt die Mittel der ideologischen Einwirkung, um die Menschen im Geiste der wissenschaftlich-materialistischen Weltanschauung zu erziehen und religiöse Vorurteile zu überwinden, ohne zu dulden, daß die Gefühle der Gläubigen verletzt werden. Systematisch muß eine umfassende wissenschaftlich-atheistische Propaganda betrieben und geduldig die Unzulänglichkeit religiöser Glaubensvorstellungen erklärt werden, die in der Vergangenheit entstanden, als die Menschen unter dem Druck der blinden Naturgewalten und in sozialer Knechtschaft lebten und die wahren Ursachen der Erscheinungen in Natur und Gesellschaft nicht kannten."

Verf. wird den hier verwendeten Tugendbegriffen nachgehen, im Kontrast dazu den Wendungen von Unversöhnlichkeit und besonderen Ausdrücken der ideologischen Sprache wie „Eigentümermentalität". Er wird zu fragen haben nach den Möglichkeiten von Kritik und den Möglichkeiten zu eigener Entscheidung in der Berufswahl oder im religiösen Bekenntnis. Insgesamt ist zu fragen nach der Stellung des einzelnen Menschen in der Gesellschaft.

Hierzu Vilmos von Zsolny: Der „Neue Mensch" in Osteuropa. In: Das Parlament, 20. März 1968.

Wie stehen Sie zu Herbert Marcuses Auffassungen von befreiender Toleranz?

Herbert Marcuse, Kritik der reinen Toleranz, edition suhrkamp 181. Textauszug S. 120—122. — Bei der Wiedergabe des Textes kann nach Forderung und Argumentation gegliedert werden. In den Erläuterungen wären Redeabsicht, Terminologie im Zusammenhang mit dem Leserkreis, Schwierigkeitsgrad, zentrale Begriffe, sprachliche Strukturen zu untersuchen. Die Stellungnahme bietet viel Raum in der Gegenüberstellung von Positionen. Die Diskussion der Grundrechte kann aufgenommen werden (Gleichheitsprinzip — Art. 3 — Koalitionsfreiheit — Art. 9 — Meinungsfreiheit — Art. 5 und 18 GG).

Ralf Dahrendorf, Gesellschaft und Demokratie in Deutschland (dtv 757) — Über soziale Konflikte — Textanalyse und Stellungnahme

Gedacht ist an S. 161 der Taschenbuchausgabe („Wo immer es menschliches Leben in Gesellschaft gibt, gibt es auch Konflikt...") bis S. 163, 3. Zeile. Bei der Stellungnahme haben es die Bearbeiter u. a. zu tun mit Unterschieden in der Austragung von Konflikten, wie sie bei gegensätzlichen Gesellschaftssystemen deutlich feststellbar sind.

Ungleiche Bildungschancen

Text aus dem Kapitel: Der Staatsbürger und die Klassen, S. 79 ff. („Das allgemeinbildende Schulwesen in Deutschland ist alt..."). — Die Rolle der Schule in der gegenwärtigen Gesellschaft und Probleme der Chancengleichheit sind in der Gemeinschaftskunde bearbeitet. Die Position des Autors zu diesem Fragenkomplex ist also bekannt, das betreffende Kapitel insgesamt gelesen.

Karl Martin Bolte, Deutsche Gesellschaft im Wandel (Leske Verlag) — Diskriminierung der Unterschichten

Text S. 333 bis S. 334 oben. — In die Stellungnahme sollten die Bearbeiter Beobachtungen aus ihrer Stadt (ihrer Region) einbeziehen.

Grundgesetzdiskussion

Wie steht es um die Gleichberechtigung von Mann und Frau (Art. 3)?

Information und Texte — darunter kontrastierende — in: Recht und Gesellschaft, Zeitschrift für Rechtskunde, Heft 4, April 1972, Verlag Beck, München.

Diskutieren Sie nach dem beigegebenen Text die „elterliche Gewalt" und deren Einschränkungen!

Information und Textauszug nach: Ilse Staff, Zum Begriff der elterlichen Gewalt. In: Recht und Gesellschaft, Heft 1, Oktober 1971.

Texte und Literaturhinweise für die folgenden Themen in: Kontrovers, eine neue Verfassung für die Bundesrepublik? Bundeszentrale für politische Bildung. Die Reihe „kontrovers" bietet für weitere Rahmenthemen entsprechendes Material, z. B.: Die Grenzen zwischen Deutschen und Polen.

Was spricht für, was gegen den Föderalismus?

Soll der Bundespräsident durch die Bevölkerung gewählt werden oder weiterhin durch die Bundesversammlung?

Kulturhoheit der Länder — in welchem Umfang sollte sie durch zentrale Regelungen des Bundes abgelöst werden?

Hierzu auch: Hermann Maassen, Numerus-clausus-Urteil und die Konsequenzen (Aspekte, das deutsche studienmagazin, Sept. 1972)

Soll der Bundeskanzler die Richtlinien der Politik bestimmen und dafür die Verantwortung tragen, oder soll dieses Recht (diese Verpflichtung) an das Kabinett übergehen?

Zeitgeschichte

Beurteilung des Versailler Vertrages aus heutiger Sicht

Text: Golo Mann, Deutsche Geschichte. Anfang des Buches (Zwei Grunddokumente), Fischer Taschenbuch.

Was ist Faschismus?

Text: Benito Mussolini, Die Lehre des Faschismus, Theorien über den Faschismus, Hg. Ernst Nolte, Kiepenheuer und Witsch. — In der Stellungnahme können die

Bearbeiter darauf eingehen, wie der Begriff Faschismus bei gegenwärtigen Auseinandersetzungen verwendet wird. Weitere Texte in dem Unterrichtswerk: Zeiten und Menschen, Die geschichtlichen Grundlagen der Gegenwart, S. 336 ff., Verlag Schöningh/Schroedel

Rätesystem oder parlamentarische Demokratie? — Die Entscheidung im Anbeginn der Weimarer Republik

Texte in dem Unterrichtswerk: Politik und Gesellschaft, Band 2, Hirschgraben-Verlag, S. 82 ff.

Kann man aus der Vergangenheit lernen?

Text aus: Hannah Vogt, Schuld oder Verhängnis? — Schlußbetrachtung S. 233 ff., Verlag M. Diesterweg.

Aus verschiedenen Bereichen

Alle Texte zu den folgenden Themenvorschlägen in: „Literatur 2, Analytische Texte", hg. von Oswald Stein (Hirschgraben-Verlag).

Alexander Mitscherlich, Klärendes zur Aufklärung
Wie hat sich der Bedeutungsgehalt des Begriffs Aufklärung gegenüber der klassischen Literatur gewandelt?

Zur geistesgeschichtlichen Orientierung ist zuvor der Aufsatz Kants „Beantwortung der Frage: Was ist Aufklärung?" gelesen und diskutiert.

Heinrich Heine, Das ist mein Patriotismus
„Ich bin der Freund der Franzosen, wie ich der Freund aller Menschen bin ..." — Untersuchen Sie Heines Auffassungen in Hinblick auf den Zeitgeist, wie er sich in der Sprache darstellt — Worin erkennen Sie die Perspektive zur Gegenwart?

Hans Magnus Enzensberger, Poesie als Antiware
„Die Klassiker sind au fond nicht weniger unerträglich als die Autoren der Moderne". — Worin erkennt der Autor die politische Wirksamkeit dichterischen Schaffens in den Verhältnissen der Gegenwart?

Walter Nutz, Trivialliteratur als Konformliteratur
„Wenn man der Dichtung unterstellt, daß sie ihren Vorwurf rein nach künstlerischen Maßstäben bearbeitet, daß der Dichter nur das ausdrückt, was er ausdrücken muß, und daß er die ihm gemäße Form ohne Rücksicht auf Außenstehende findet, so hat der Trivialautor nur ein Ziel, nämlich den Geschmack einer annähernd bekannten Leserschicht möglichst genau zu treffen." — Untersuchen Sie aus eigener Leseerfahrung diese Unterschiede und gehen Sie den kommerziellen und soziologischen Bezügen des Textes nach! (Hausarbeit)

Dolf Sternberger — Cornelia Berning, Betreuung
Untersuchen Sie nach den Texten die Fragwürdigkeit und Umkehrbarkeit dieses gefühlvollen Begriffs!

Nach den Vorübungen zur Begriffserläuterung sollte in der Stellungnahme eine eigenständige Vorstellung von Hilfe gegenüber Notleidenden und Bedürftigen entwickelt werden können. Die Bearbeiter sollten dabei auch sagen, in welcher Weise sie motiviert werden.

(Fortsetzung in Kap. 7: Literarische Textaufgaben)

6. Literarische Themen in der Sekundarstufe I

Die werkimmanente Interpretation ist heute der Ausgangspunkt der Analyse von Literatur, die sie in den sozio-kulturellen Zusammenhang stellt und zum Bestandteil des gesellschaftlichen Lebens macht. Die gesellschaftlichen Bedingungen stellen Methoden sicher, die zur Erschließung von Literatur führen. Dazu gehören Fragen des Zusammenhangs von Autor und Literatur, die Frage der Entstehung, der Vermittlung und das Problem der Rezeption. Die dialektische Beziehung von Formen, Inhalten und sozio-kulturellen Zusammenhängen steht heute im Mittelpunkt des Literaturunterrichts. Ausgangspunkt ist die Textanalyse. Die unterschiedlich gehandhabten Methoden zeigen, wie jede Position zu einem literarischen Text zu bedenken ist. Es müssen aber auch Lern- und Orientierungshilfen gegeben werden, damit sich der Schüler in der Fülle der literarischen Erscheinungen zurechtfinden kann. So wird der Deutschlehrer heute von der Umwelt und dem sprachlichen Verständnis des Schülers ausgehen, wenn er im Literaturunterricht Erfolg haben will. Er läßt sich von Büchern berichten, nimmt Situationsbeschreibungen der Schüler entgegen und läßt Gesprächsbeziehungen innerhalb der Klasse sich entwickeln. Das Arbeitsgespräch über den literarischen Text führt über die unmittelbare Äußerung des Schülers immer stärker auf den Text hin; Kernstellen werden aufgesucht und ihre Beziehung deutlich gemacht, bis sich zum Text Fragen ergeben. In den höheren Klassenstufen werden je nach Erfahrung und Übung der Schüler Kurzgeschichten, Satiren, Kalendergeschichten, aber auch Jugend- und Sachbücher, Comics, Buchbesprechungen, Nachschlagewerke angeboten, die die Schüler motivieren sollen, nach Literatur zu greifen. Der Lehrer erhält Kenntnis über die Lesegewohnheiten der Schüler und gibt einen Überblick über das literarische Leben der Gegenwart.

Damit umschließt der Begriff Literatur nicht nur Dichtung, sondern er begreift die Tagesliteratur, wissenschaftliche Texte, literarische Gestaltungsversuche, die Zeitung als Literatur im weiten Sinne. Der Schüler hat den Text wiederzugeben, die Position zu verstehen, aus der der Text geschrieben ist, auf die gedanklichen und sprachlichen Mittel einzugehen, mit denen der Text geformt ist. Der Analyse folgt die kritische Stellungnahme. Sie setzt sich mit der Position des Schreibers auseinander, aus der Erkenntnis heraus, daß jede eigene Stellungnahme subjektiv ist. Sie kann sich auf die gesellschaftliche Praxisnähe beziehen; aber ihre Erfüllung löst noch keine Probleme, so lange keine übergeordnete kritische Theorie hinzutritt. Die einzelnen Positionen weisen auf das Problem hin: daß man isolierte Positionen vermeiden muß, daß es kein Verstehen in einem isolierten Raum geben kann, daß man Prioritäten braucht. Die Zusammenarbeit mit anderen Fächern ist notwendig, damit ein neues Methodenverständnis gefunden werden kann. Literatur jeder Art ist in ihrer Beziehung zu der konkreten Gesellschaft zu sehen, in der sie entstanden ist und von der sie aufgenommen wird, und in den Bedingungen, unter denen sie auf bestimmte Bedürfnisse antwortet.

Daher findet heute auch die *Unterhaltungsliteratur* immer mehr Zugang im Deutschunterricht, da sich die Erkenntnis verbreitet hat, daß sie mehr gelesen wird als die Dichtung.

Malte Dahrendorf empfiehlt, den vermeintlichen Gegensatz zwischen „Dichtung“ und „bloßer Unterhaltung“, zwischen einer Literatur im „eigentlichen“, „engeren“ Sinne und einer Literatur im „weiteren“ Sinne zu mildern[1]. In der Tat sind die Grenzen im oberen Bereich der Unterhaltungsliteratur zur Dichtung ebenso fließend wie im unteren zur Trivialliteratur. In umfassender Weise informiert das Werk „Lesen – ein Handbuch“, hg. v. A. C. Baumgärtner. Verlag für Buchmarkt-Forschung, Hamburg 1973. Mit Hilfe solcher Informationen führen wir mit den Schülern ein Gespräch über die von ihnen bevorzugte Unterhaltungsliteratur, woraus sich einige Kriterien der Einschätzung und Wertung ergeben hinsichtlich der Inhalte, der Charakterisierung von Personen, der Realitätsbezüge, der Strukturierung des Geschehens, des Gesellschaftsbildes, gegebenenfalls der historischen Bezüge, der Wertvorstellungen u. a., sodann der sprachlichen Eigenarten. Für die schriftliche Übung und für den Klassenaufsatz sollte der individuelle Entfaltungsspielraum erhalten bleiben, damit der Schüler aus seiner Sicht darstellen kann, was ihn an dieser Literatur fesselt, worin er bildende Werte erkennt und was ihm womöglich mißfiel. Auf diese Weise wird die Entwicklung von Kritikfähigkeit nicht verstellt, andererseits vermiesen wir den Schülern nicht eine Freizeitlektüre, die durchaus nicht schablonenhaft zu sein braucht. – In der Sekundarstufe II wird das Thema kritischer und in wissenschaftspropädeutischer Arbeitsweise wiederaufgenommen, wozu die methodischen Hilfen in Kap. 8 Anregungen bieten.

Die *Trivialliteratur* spiegelt Wunschbilder wider, die im Widerspruch zur gesellschaftlichen Wirklichkeit stehen. Um so mehr gilt es, sie methodisch zu untersuchen und sie kritisch daraufhin zu prüfen, welche Wunschvorstellungen darin enthalten sind. Diese inhaltliche Untersuchung verläuft parallel mit der Analyse der typischen Stilschablonen, welche die Auswechselbarkeit der Verfasser ebenso charakterisieren wie die genormten Figuren.

Die empirische Sozialforschung untersucht in der Trivialliteratur die gesellschaftlichen Zustände und verzichtet dabei bewußt auf die Wertung des Werkes. Die werkbezogene Literatursoziologie richtet sich auf den Text selbst und Grundkomponenten der literarischen Abhängigkeiten werden analysiert, der Autor, das Leserpublikum, die Vermittlungsweisen. Dabei werden die sozialen Umstände und Voraussetzungen der einzelnen Komponenten und ihre Abhängigkeitsverhältnisse erforscht. Die strukturelle Literatursoziologie beruht auf der Theorie der dialektischen Vermittlung. Sie geht aus von einer komplexen Beziehung zwischen der gesellschaftlichen Struktur und der Struktur des literarischen Werkes.

---

[1] M. Dahrendorf, Leseerziehung oder literarästhetische Bildung? In: Literaturunterricht in der Diskussion, hg. v. R. Dithmar. Scriptor Verlag, Kronberg 1973.

Aufgaben:
(nach dem jeweiligen Stand der gängigen Hefte zu ergänzen)

Schieß-Krimi: „Der Killer riß seine Pistole hoch ..." — Wie wird auf die Lust an der Grausamkeit spekuliert? (In etwa dieser Fragestellung mit entsprechendem Zitat für den Schieß-Western).

Landser-Roman: „Wir werden dem Ivan schon den Schneid abkaufen ..." — Was kannst du aus den stereotypen Figuren, aus Wortwahl, Satzbau und Ablauf der Geschehnisse über die Einstellung des Verfassers zu Krieg und Heldentum entnehmen?

Frauenroman: „Er ist das Glück, das Leben und die Erfüllung ..." — In welcher Weise wird auf einen wirklichkeitsfremden Gefühlsüberschwang spekuliert?

Die Wiederkehr von Hedwig Courths-Mahler — Die Gründe hierfür sollen nach einem Textauszug aus einer Neuausgabe untersucht werden — Beigegeben wird eine Parodie aus Robert Neumann „Mit fremden Federn".

Die Anregung zu diesen Themen ging aus dem Sozialkundebrief der Hessischen Landeszentrale „Gangster, Grafen — Superhelden" vom Juli 1967 hervor. Für die Formulierung weiterer Themen: Texte zur Trivialliteratur, Klett Verlag.

Die Erzählung

Siegfried Lenz: Zirkus in Suleiken

Anita Schiebukats Vorführungen — Der Messerwerfer und das Verhalten der Suleiker — Der Zauberkünstler und Stanislav Griegull — Das Auftreten des Kraftmenschen und seine Niederlage — Wie sich die Suleiker im Zirkus (gegenüber dem Messerwerfer, dem Zauberkünstler und dem Kraftmenschen) verhalten — Wie gelingt es Anita Schiebukat, die Suleiker für sich zu gewinnen? — Wie die Suleiker das Zirkusspiel als Wirklichkeit auffassen — Masurische Ausdrücke und Eigentümlichkeiten im Satzbau sind mit der normalen Umgangssprache zu vergleichen — Die direkte Rede in der Erzählung und ihre Wirkung — Die Verkleinerungssilben und ihre Verwendung

Erich Kästner: Ein Unfall

Wie es zu dem Unfall kommt — Sanitätsrat Zimmermann und der kleine Eric — Der Junge geht in die Schule! — Wie Kästner durch die sprachliche Darstellung das Unglück mildert — Zeige an einigen Sätzen, wie der Autor Gegensätzliches zusammenbringt. — Die häuslichen Verhältnisse und der Wille des Jungen, in der Schule weiterzukommen

Mark Twain: Tom streicht einen Zaun

Toms elende Lage, als er alleine den Zaun streichen muß. — Der Versuch, Jim zu gewinnen, schlägt fehl — Toms raffiniertes Spiel, um Ben Rogers zu überlisten — Das doppelgesichtige Verhalten Toms — Die Schätze Toms, die er durch seine Faulheit gewinnt — Wie Toms öde Lage dargestellt wird — Die primitive Sprache des Negers und die Kunstsprache Toms — Wie drückt sich die Vorstellung Toms in der Sprache aus — Toms glückliche Idee, den anderen den Künstler vorzuspielen, die auch in der Klangmalerei „kling, klang, klang" von Ben Rogers sich wiederholt

Hans Bender: Ein Bär wächst zum Dach (6. Schj.)

Wie die Jungen mit dem Bären im Schuppen spielen. — Der heranwachsende Bär wird den Jungen unheimlich. — Der schreckenerregende Bär auf der Flucht. — Trauriges Wiedersehen der Jungen mit dem Bären im Zoo. — Wie stellt der Autor den naiven Umgang der Jungen mit dem kleinen Bären dar? — Mit welchen Wendungen zeigt der Autor an, wie die Wirklichkeit in das spielerische Geschehen einbricht? — Die Zeitungen berichten über das Verschwinden und Wiederfinden des Bären.

Wolfdietrich Schnurre: Die Leihgabe (aus: Als Vaters Bart noch rot war)

Wie Vater und Sohn den Weihnachtsbaum aus dem Tiergarten „entleihen". — Wie der unfreundliche Mann im Leihhaus doch das Grammophon herausgibt — Die armen Leute freuen sich, daß sie ein ehrliches Fest feiern. — Der Weihnachtsbaum wird zurückgebracht. — Es ist darzustellen, wie Menschen der Nachkriegszeit doch ehrlich bleiben und anderen Freude machen. — Redewendungen Berliner Humors.

Johann Peter Hebel: Der geheilte Patient

Wie der Reiche mit Essen und Faulenzen seinen Tag verbringt und krank wird. — Der Briefwechsel zwischen dem Patienten und dem weisen Arzt. — Die Fußwanderung des reichen Mannes. — Das Zwiegespräch zwischen dem Doktor und dem fast geheilten Patienten. — Wie kommt es in der Sprache zum Ausdruck, daß der reiche Mann sein Selbstbewußtsein gewinnt? — Durch welche sprachlichen Mittel stellt Hebel die Gefräßigkeit und Gesundung des Patienten dar? — Was spiegelt sich in dem Zwiegespräch zwischen dem Doktor und dem Patienten wider?

Theodor Storm: Pole Poppenspäler

a) Aufgaben zur erzählenden Deutung: Bei der ersten Lektüre einer Prosaschrift sollte schon auf die Aufbauelemente hingewiesen werden: Zentralfiguren (z. B. Kasperle), Motive (der dreirädrige Karren), der jahreszeitliche Rhythmus (Ankommen der Puppenspielerleute im Frühling, Abschied im Oktober, Tendler im Gefängnis zur Winterszeit, Poles Wiederfinden Liseis unterm Kreuz im Winter), die Bilder der Natur als Hintergrund, die Komposition, Binnen- und Rahmenhandlung. Nach der Hauslektüre erfolgt das lockere Klassengespräch, dem sich die schriftlichen Hausaufgaben anschließen.

Das Leben der Puppenspielerleute. — Was bedeutet das Puppenspiel (oder der Kasperle) für die einzelnen Personen? — Welche Rolle spielt die Landschaft in der Erzählung? — Vergleiche das Leben der Puppenspieler in unserer Erzählung mit den Marionettenkünstlern heute. — Das Verhalten der Eingesessenen gegenüber Fremden damals und heute. — Die Ausbildung Poles bis zum Meister und der moderne Ausbildungsweg.

b) Die Inhaltsangabe: Die Inhaltsangabe, die Schilderung und die Charakteristik werden von den Schülern geübt. Sind die Deutungsaufgaben in der Hausarbeit, können folgende Themen im Klassenaufsatz gestellt werden:
Pole Poppenspäler berichtet, wie er die Puppenspielerleute kennen und lieben lernt. — Wie Pole Poppenspäler in Lisei seine Lebensgefährtin findet. — Der Weg eines Handwerksgesellen. — Kasperle in dieser Erzählung.

c) Die Schilderung:
Poles erste Begegnung mit dem Puppenspieler. — Hinter den Kulissen des Puppentheaters. — Lisei besucht Poles Elternhaus. — Im Trödlerladen. — Poles Abschied von den Puppenspielerleuten. — Der alte Tendler im Gefängnis. — Die Heimkehr.

d) Die einfache Charakteristik:
Die strenge Puppenspielerfrau. — Pole beschützt das schlafende Lisei. — Der alte Tendler im Haus seiner Kinder. — Pole bei der Meistersfrau.

Die heranwachsenden Jugendlichen wenden sich immer bewußter den Fragen des Alltags zu. Es fesselt sie die gestaltete Alltagsszene, das Rollenspiel, wie die literarisch oder eigen geformte Hörspielszene. Sie sind eher gewillt, Menschen und Geschehnisse zu beobachten. Sie lernen, Ideen für einen gestalteten Text zu finden, müssen zur Zusammenarbeit fähig sein, wenn ein szenischer Text gelingen soll. Schon frühzeitig sollte sich der Lehrer in Gesprächen über die Lesegewohnheiten seiner Schüler in Kenntnis setzen und ihnen angesichts der Fülle der Literatur bei der Auswahl helfen. Dabei lernt der Schüler nicht nur den Text befragen, sondern er versteht ihn auch aus der gesellschaftlichen Wirklichkeit, zumal wenn die Literatur aus der Gegenwart genommen ist. Die in der Klasse vorhandenen Ansätze der Texterschließung müssen nach und nach methodisch bewußt gemacht werden. Vor allem soll es der Schüler lernen, ein selbständig gelesenes Jugend- oder Sachbuch vor der Klasse vorzutragen und zu besprechen. Für den Vortrag genügt eine Stichwortskizze, an die sich der Vortragende hält. Vor allem sind für diese Klassenstufen schriftliche Inhaltsangaben zu üben.

Der Schüler übt nicht nur methodisch die Erschließung von Einzelwerken, sondern er hat auch bis zum Ende der Sekundarstufe I die Gesichtspunkte erworben, unter denen Literatur in gesellschaftlicher, geschichtlicher und poetologischer Hinsicht zu sehen ist. Er orientiert sich über die Zusammenhänge, in denen der einzelne Text einzuordnen ist. So lernt er in vielfältiger Weise die Literatur der Gegenwart kennen, bemüht sich, im literarischen Leben der Gewart Orientierungshilfen zu finden, lernt die literarischen Hilfsmittel gebrauchen wie Literaturgeschichte, Literaturlexikon. Auf diese Weise erweitert und bereichert er sein literarisches Verständnis. Ihm wird bewußt, wie literarische Wertung und Wirkung fragwürdig sind. Er lernt verstehen, daß verschiedene Texte aus verschiedenen Motiven entstanden sind, die meist aus den andersartigen Positionen des Menschen hervorgegangen sind.

Wolfdietrich Schnurre: Jenö war mein Freund

Die merkwürdige Freundschaft zwischen Jenö und dem Erzähler. — Gib die fremden Gewohnheiten an, die den Erzähler verwundern, den Vater aber gelassen machen! — Die kultivierte Welt des Erzählers und das primitive Leben des Jenö. — Charakteristik des Jenö aus den Lebensgewohnheiten der Zigeuner. — Beschreibe aus den sprachlichen Mitteln, die Jenö verwendet, sein Selbstbewußtsein! — Die ideologische Starrheit der Nazis, die alles Fremde vernichten.

Thomas Mann: Das Eisenbahnunglück

Wie der Herr in den Gamaschen seine Überlegenheit zeigt. — Welche Rolle spielt „Vater Staat" bei den Mitreisenden? — Der Herr in den Gamaschen beim Eisenbahnunglück. — Wie stellt sich die Ordnung nach dem Eisenbahnunglück wieder her? — Mache Dir Gedanken über das Wesen dieser Ordnung aus der Sicht des Dichters! — Zeige am vierten Abschnitt, wie der Erzähler sich selbst ironisch darstellt! — Zeige, wie das Eisenbahnunglück die festgesetzten Standesschranken für einen Augenblick aufhebt! — Die unterschiedliche Behandlung der Reisenden durch den Schaffner in der wilhelminischen Zeit. — Die besonderen Sprachwendungen Thomas Manns in dieser Geschichte, die seine Distanz und Ironie charakterisieren.

Thomas Mann: Herr und Hund

Die ironische Beschreibung von Bauschan, die ihn als deutschen Hühnerhund charakterisiert. — Bauschan auf Jagd. Die Freude und Erfolgslosigkeit des Jagderlebnisses sind darzustellen. — Bauschan. — Die klugen und gewöhnlichen Wesenszüge sind an bestimmten Geschehnissen und Verhaltensweisen zu beschreiben. — Die peinliche Begegnung zwischen Bauschan und dem Schaf. — Wie sich Thomas Mann gesellschaftlich darstellt. — Versuche, einen Abschnitt zu analysieren und daran die Besonderheit der Sprache darzustellen!

Theodor Storm: Der Schimmelreiter

Hauke Haien und Ole Peters. — Die Dorfbewohner und die Forderung Hauke Haiens. — Der alte und der neue Deich. — Der Rahmen der Novelle und seine Funktion. — Die Ideen Haukes können erst durch die reiche Heirat Wirklichkeit werden. — Wie Hauke Haien über die Dorfbewohner hinauswächst und im Deich weiterlebt. — Aberglauben der Dorfbewohner, an den Hauke Haien gebunden ist und mit dem er untergeht. — Vergleiche das Plattdeutsche mit dem Hochdeutschen und Englischen! — Hauke Haiens Gottesvorstellung.

Heinrich von Kleist: Michael Kohlhaas

Das Rechtsgefühl machte ihn zum Räuber und Mörder, sagt der Dichter am Anfang seiner Novelle. Weise das an dem dramatischen Geschehen auf und betrachte den letzten Weg Kohlhaasens! — Inwiefern liegt in der Marktplatzszene die Wendung für das Schicksal des Kohlhaas begründet? — Zeige, wie das Aussehen der Pferde im Verlauf der Ereignisse die seelische Gestimmtheit Kohlhaasens spiegelt! — Welche Bedeutung haben die Zigeunerin und die Kapsel für den Fortgang der Ereignisse, die Kohlhaas bedrängen? — Nimmt der Dichter zu den Handlungen seines Helden Stellung? — Die Bemühungen Kohlhaasens, im Ständestaat Recht zu finden, und die Rechtsprechung im demokratischen Staatswesen. — Untersuche die gegensätzliche Sprache Kleists!

Heinrich von Kleist: Das Bettelweib von Locarno

Ein Gespenst geht um. — Es ist zu zeigen, wie durch den Wechsel der Zeitstufe von der Vergangenheit zur Gegenwart das Spukhafte unmittelbar dargestellt wird. — Wie wird die Steigerung des Geräusches sprachlich wiedergegeben? — Vergleiche den Bericht über den Unglücksfall im ersten Abschnitt der Novelle mit der Darstellung der spukhaften Vorfälle!

Anette von Droste-Hülshoff: Die Judenbuche

Die Begriffe der Einwohner von Recht und Unrecht waren in Verwirrung geraten, sagt die Dichterin. Zeige das am Geschehen in der Novelle auf! — Warum nennt die Dichterin ihre Novelle „Die Judenbuche"? — Welche Geschehnisse bleiben in der Novelle im Dunkeln? — Welche Bedeutung hat die chronikartige Sprache? — In den Anfangsversen ist von einem „arm verkümmert Sein" die Rede, Weise das an dem Lebensweg Friedrich Mergels auf! — Das Recht der Gewohnheit und das Gesetzesrecht.

Friedrich Dürrenmatt: Der Richter und sein Henker

Die Wette zwischen Kommissär Bärlach und Gastmann. — Die Rolle des Zufalls in der Kriminalgeschichte. — Die kriminalistische Untersuchung der Mordsache durch einen Kriminalbeamten des Kommissärs. — Das Verhalten der Schweizer Bürger beim Bankett aus der Sicht des Autors.

Erschließung von Science-fiction-Romanen

Den schriftlichen Übungen gehen Versuche in kleinen Arbeitsgruppen voraus, die sich je einen frei gewählten Roman oder eine Science-fiction-Erzählung zur Untersuchung vornehmen. Unter Science fiction ist jene besondere Art der phantastischen Erzählung zu verstehen, in der die Lehren und Grundsätze der Wissenschaft mit Sorgfalt berücksichtigt werden und die Handlung teilweise motivieren; mindestens so, wie sie zur Zeit des Schreibers verstanden wurden. (Vgl. Isaac Asimow, Science fiction. In: Bild der Wissenschaft. Jg. 1970)

Aufgaben:

Abgrenzung des technisch-wissenschaftlichen Bereichs vom Bereich der Phantasie und Frage nach der Funktion —

Welche Bedeutung haben

- das Interplanetarische (Raumproblem)
- das Zeitproblem
- der Mensch
  - als Abenteurer und Kämpfer
  - als Herrscher und Beherrschter
  - als Arbeitender
  - als der, der Freizeit hat
  - als Liebender
  - als Nachbar?

Welche Bedeutung haben
— andere Wesen
— die Natur
— die Kommunikation
  — Mensch — Mensch
  — Mensch — andere Wesen

die Politik (Herrschaftssystem)?

Untersuchung auf Grundschemata des Abenteuer-, Agenten-, Reise-, Liebesromans usw.

Es lassen sich aber auch Buchreferate in häuslicher und z. T. schulischer Arbeit anfertigen, die folgendes Aufbau-Muster haben sollten:

1. Bibliographische Angaben zum behandelten Werk
2. Eventuell Einordnung des Werks in einen größeren Zusammenhang: Zeit, Schaffen des Autors ...
3. Vorstellung des Werks: Inhalt, Personen ...
4. Spezielle Beobachtungen zum Aufbau: Gliederung, Spannung, Höhepunkte ...
5. Spezielle Beobachtungen zur Sprache
6. Die Rolle der Technologie (Science)
7. Die Frage nach Social Fiction bzw. Utopie
8. Das Bild vom Menschen
9. Aussagen für die Gegenwart

Das Hörspiel

Heinrich Böll: Klopfzeichen

Das Klopfzeichen einer vergangenen Begebenheit in seiner eindringlichen Gegenwart und Mahnung an die Zukunft. — Die rhythmische Wiederkehr des Klopfsignals (kurz, lang, kurz) als Mahnung an das Bekenntnis: ich glaube. — „Ein Mann" als Mittler des Gesprächs zwischen Priester und Julius. — Ein Vater erinnert sich am Vorabend der Erstkommunion seiner Tochter an ein Erlebnis im Zuchthaus. — Die Bedeutung des Brots in Bölls Hörspiel. — Mann und Frau in ihren verschiedenen Vorstellungen im Hinblick auf den Kommunionstag.

Otto Heinrich Kühner: Die Übungspatrone

Die Rolle des Erzählers. Darzustellen ist, wie ein Erzähler sich an eine Begebenheit erinnert und dabei handelnd in das Spiel zurücktritt. — Gib wieder, wie die Soldaten vor der Erschießung denken und wie sie sich später verhalten! — Beschreibe die Wirklichkeit, die durch die Gestaltungsmittel dieses Hörspiels (Marschtritt, Stimmen, Geräusche, Monolog, Dialog, Blende, Erzähler) vergegenwärtigt wird! — Sind die Soldaten schuldig zu sprechen?

Das Drama

Die Schüler beobachten Alltagsszenen. Im Fernsehen erleben sie die Verwandlung der Rollen. Sie sehen, daß das Gespräch zum menschlichen Leben gehört. Sie wissen, daß die Erzählung zuweilen Dramatisches enthält. Sie haben versucht, spannende Erzählungen in Gespräche umzuformen. Einige haben im Stegreif- oder Laienspiel mitgewirkt; so werden ihnen jetzt die Aufgaben, die zum Verständnis künstlerischer Dialogformen führen sollen, nicht mehr so fremd sein. Doch müssen die Aufgaben, die das Drama erschließen helfen, so gestellt sein, daß sie die Beziehung auf das kunstvolle Gewebe nicht außer acht lassen. Deshalb sind Inhaltsangaben, Charasteristiken nur Teilaufgaben; sie wollen zum Verständnis der dramatischen Form beitragen.

Friedrich Schiller: Wilhelm Tell

Wie die Schweizer ihr freies Land gegen den fremden Staat Habsburg verteidigen. — Wilhelm Tell und Geßler im Verlauf des Dramas. — Worauf sich die Schweizer und die Habsburger in ihrem Kampf stützen. — Gib den Gedankengang von Tells Monolog wieder! — Wie spiegelt sich die dramatische Spannung beider Mächte in Rudenz und Berta wider? — Die Gebirgswelt der Schweizer. — Lyrisches in Schillers Drama. — Erschließe aus den Regieanmerkungen das Geschehen! — Schillers Drama, ein Geschehen zwischen Märchen und Geschichte. — Frauengestalten in Wilhelm Tell.

Franz Grillparzer: König Ottokars Glück und Ende

Der dramatische Aufbau. — Böhmisches Erbrecht und Rudolf von Habsburgs Gottesgnadentum. — Die beiden Königinnen in ihrer Bedeutung für Ottokar. — Die Handlungen König Ottokars als Ausdruck seiner Macht und Ohnmacht. — Was drückt das Knieen bei den verschiedenen Gestalten aus? — Welche Bedeutung haben die Gewänder (die Schwerter, die Schilder) der Fürsten? — Die Begegnung der beiden Fürsten im Lager am linken Donauufer. — König Ottokar auf den Stufen des väterlichen Schlosses.

Johann Wolfgang von Goethe: Götz von Berlichingen

Im Bischöflichen Palast zu Bamberg. — Auf Burg Jaxthausen. — Die Ränke des adligen Fräuleins Adelheid. — Warum Götz gegen die Fürsten kämpft. — Ist Weislingen ein Verräter? — Die bildreiche Sprache des Dramas. — Das Schauspiel als Widerspiegelung des untergehenden Rittertums und der aufkommenden Fürstenmacht.

Gotthold Ephraim Lessing: Minna von Barnhelm

Major von Tellheim im Widerstreit von Ehre und Liebe. — Just, ein gewitzter Diener seines Herrn. — Franziska und der Wachtmeister, die heiter-ernsten Gegenspieler des preußischen Offiziers. — Franziska und ihre Herrin, die klugen Intrigantinnen um der Liebe willen. — Major von Tellheim und Minna von Barnhelm im Streigespräch um Liebe und Ehre.

Friedrich Schiller: Maria Stuart

Der Streit der Königinnen. – Burleigh und Shrewsburry, zwei Ratgeber der Königin. – Maria Stuart und ihre Dienerschaft. – Das Schauspiel „Maria Stuart" auf der Bühne dargestellt. – Gib deinen Eindruck von einer Aufführung dieses Trauerspiels auf der Bühne (oder im Fernsehen) wieder! – Maria Stuart und Elisabeth – wie verstehen die beiden Königinnen ihre Freiheit? – Die geschichtlichen Hintergründe des Dramas.

Bertolt Brecht: Mann ist Mann

Nach der gemeinsamen Besprechung der ersten Bilder und der Klärung des geschichtlich-geographischen Hintergrunds kann zur Vorbereitung schriftlicher Übungen in kleinen Gruppen weitergearbeitet werden. Hierzu die folgenden Aufgaben:

- Entwurf eines Bühnenbilds für eine Inszenierung mit erklärenden Hinweisen für Regie und Maskenbildner, evtl. mit Modell
- Untersuchung der Stellen im Text, die sich direkt ans Publikum wenden
  - Welche Bedeutung haben sie im Kontext?
  - Wie sollen sie gespielt werden? (Genaue Regieanweisung)
- Untersuchung der Äußerungen über den Krieg und das Soldatsein
  - Zusammenstellung der Textstellen
  - Welches Bild vom Krieg will der Autor vermitteln? (Die indirekte Redeweise beachten!)
  - Evtl. Entwurf eines Posters mit Bildern aus Illustrierten und Zitaten von Brecht
- Untersuchung der Umwandlung eines Menschen in einen anderen: Gehirnwäsche oder Anpassung aus Eigennutz?
- Untersuchung von Begbick, Jip und Fairchild — Parallelen und Unterschiede zu Galy Gay
- Untersuchung der Figur des Uria

7. Der literarische Aufsatz in der Sekundarstufe II

Schon an anderer Stelle dieser Arbeit sprachen ihre Verfasser die Überzeugung aus, daß der Schüler von einem Gegenstand erst wirklich Besitz zu ergreifen vermag, wenn er sich dazu schriftlich geäußert hat. Er macht sich die Ergebnisse des Unterrichts zusammen mit seinem eigenen Beitrag in einer festeren und nachhaltigeren Form zu eigen. Wenn der literarische Klassenaufsatz einen Unterrichtsgang abschließt, so ist das ein Prüfstein für die erreichten Ziele. Unterrichtsprotokoll und häusliche Übungen schaffen die Voraussetzungen in der Methode, die stufenweise dem wachsenden Reifegrad der Schüler folgt. Damit ist die Leistung im Mündlichen nicht unterbewertet, denn die tüchtige, von der Liebe zur Sache getragene Beteiligung im Unterrichtsgespräch findet in der Klassenarbeit ebenfalls ihre Bestätigung und ihren Lohn. Wohl haben wir in allen Klassen Schüler, deren schriftliche Leistungen mit den mündlichen nicht Schritt halten, wie andere wiederum im Mündlichen nachhängen, aber den Ausgleich zwischen beiden Ausdrucksformen herzustellen, das ist doch ein dauernder Ansporn für die gemeinsame Arbeit.

Im ganzen gesehen, wehren sich die Schüler auch nicht gegen den literarischen Aufsatz. Das zeigen die Verhältnisse in der Themenwahl. Beim literarischen Aufsatz entfallen jene Bedenken, die bei Themen aus anderen Sachgebieten selbst bei einer hochentwickelten Verbindung zwischen den Fächern nie ganz auszuräumen sind. Der Unterricht hat, wenn wir die der Schule gesetzten Maße berücksichtigen, die sachlichen Grundlagen geschaffen, die Schüler soweit ausgerüstet, daß sie nun ihr Verständnis für einen literarischen Text erweisen können und die angemessene Stilform finden.

Erzieht der literarische Aufsatz zum selbständigen Denken? — Auch das oder gerade das wird häufig verneint. Man sagt, die Schüler lieferten ja doch nur eine Reproduktion aus dem Unterricht, sie gäben die Deutungen des Lehrers wieder, zu etwas anderem wären sie auch kaum in der Lage. Dies gilt besonders für das Ideendrama, aber auch für Zusammenhänge der Handlung, für die Menschengestaltung, gleich ob im Schauspiel oder in der Novelle. Die Erfahrung zeigt uns, daß die begabten Schüler ihre besten Leistungen im literarischen Aufsatz erzielen, wobei dann allerdings die Bildbetrachtung einzubeziehen ist. Diese Leistung prägt sich gerade in einem persönlichen Weiterdenken der unterrichtlichen Interpretation aus. Für diese Spitzengruppe allein könnten wir die Themen auch weitergreifend, umfassender stellen, als dies in der folgenden Sammlung zumeist geschieht. Der Blick auf die Klasse führt uns zu der präzisen, umgrenzten Aufgabe. Wenn diese nämlich wegen der Gefahr des bloßen Nachredens verbannt werden sollte, so könnten tatsächlich nur noch wenige Begabte einen literarischen Aufsatz schreiben, die ein ganzes Bühnenstück, eine Novelle, womöglich einen Roman, wie man so sagt, „in den Griff bekommen". Die begrenzte Aufgabe hat den Vorzug, zu textgetreuer Arbeitsweise hinzuführen, und dies schon verlangt Selbständigkeit. In den Erläuterungen zur Methode wird davon mehr zu sagen sein. Wenn wir aber eine weitergreifende Aufgabe stellen, so soll sie auf einen Aspekt gerichtet sein, zu dem der Schüler aus den Eindrücken einer Aufführung oder aus einem charakteristischen Zitat den Zugang unmittelbar finden kann.

Wenn diese Aufsätze für den jungen Menschen mehr als beschriebenes Papier sein sollen, so muß die *Verbindung zum ursprünglichen Kunstgenuß* gewahrt bleiben. Der Unterricht über die dramatische Literatur in der Klasse bleibt notgedrungen erläuternd, auch wenn wir einzelne Szenen mit verteilten Rollen sprechen oder sogar spielen lassen. Darum sollte der Theaterbesuch als ursprüngliche Form des Kunstgenusses unserer Arbeit die Richtung weisen. So *fragt* der junge Mensch, der Hofmannsthals „Großes Welttheater" auf der Bühne gesehen hat, nach der Bedeutung dieser bewegten Bettlergestalt inmitten der statuarisch wirkenden Typen des Mysterienspiels. Ein anderer fragt nach den Gründen von Dantons Weltverzweiflung, wenn er nach der Aufführung von Büchners „Dantons Tod" durch die nächtlichen Straßen nach Hause geht. Er fragt nicht historisch, sondern folgt in seinen Gedanken der Charakterisierungskunst des Dichters und dem Ausdruck, den der Schauspieler diesem dichterischen Anliegen zu geben vermochte. Wir überblicken die Gestaltenfülle nicht mit einem Mal, sondern lösen heraus und vergleichen, um dann das Ganze deutlicher zu sehen. Ebenso kann nur aus der Betrachtung des Einzelnen und des Typischen der Sinn für die künstlerische Eigenart, für die Sprachschöpfung geweckt werden.

Wir treffen die Auswahl der Dramen möglichst in Übereinstimmung mit den Spielplänen der Theater; auch die Schulen der kleineren Städte vermögen heute, Theaterbesuche zu arrangieren dank der leichteren Verkehrsverbindungen, dank Gastspielreisen und Festspielwochen. An diese Theaterbesuche, die zuweilen zu Theatererlebnissen werden, knüpft unser Unterricht an. Ein Aufsatz, dem die unmittelbare Berührung mit dem Kunstwerk vorausgegangen ist, sollte von Bedrängnis frei sein können und etwa dem Mitteilungsbedürfnis entsprechen, das gerade der junge Mensch in den Pausen oder auf dem Heimweg verspürt, mehr noch, wenn er seinen Eindruck „überschlafen" hat und dann nach einer Äußerung zum Stück und zu dessen Gestaltung auf der Bühne verlangt. So knüpft die Frage: „Entspricht die Darstellungsweise der Schauspielerin deiner Vorstellung von dieser Gestalt?" unmittelbar an den Theaterbesuch, und die Deutung kann in natürlicher und eigenwüchsiger Weise aus dem Eindruck hervorgehen. Nur vor einer allzu häufigen Verwendung dieses Verfahrens ist mit Rücksicht auf den unbeschwerten Theaterbesuch zu warnen.

Zuweilen findet sich auch die Gelegenheit, bei der Erschließung von Werken der Erzählkunst an eine Dichterlesung anzuknüpfen. Bei der Prosa ist jedoch das häusliche Lesen ohnehin die gegebene Form der Aufnahme.

Methodische Bemerkungen

Aus der Arbeitsweise des Unterrichts wie aus den häuslichen Übungen ist der Schüler an festumrissene Aufgaben gewöhnt. Er ist immer wieder angehalten worden, Behauptungen aus dem Text nachzuweisen. Daraus ergibt sich schon eine Beschränkung, und so werden in der Themensammlung zumeist die Szenen genannt, mit denen sich der Schüler eingehender beschäftigen soll, nachdem ihm durch die Aufführung oder aber wenigstens durch die häusliche

Lektüre und durch das Unterrichtsgespräch das Ganze vertraut geworden ist. Zudem bleibt es ihm unbenommen, aus anderen Szenen heranzuziehen, was ihm aus seiner Sicht als notwendig erscheint. Die Aufgabe bleibt überschaubar, und der Schüler kann doch den Schwerpunkt seiner Arbeit aus eigener Einsicht bestimmen. Die Verschiedenartigkeit der Auffassungen erweist dann auch, daß sich die Schüler nicht gegängelt vorkommen, wenn die Interpretation nur bis zu jenen Grenzen geführt wurde, die das Eigenempfinden für ein Kunstwerk aufrichtet.

Die schlichte Inhaltsangabe schätzen wir nach wie vor als eine Übung, die zur Deutung hinführt. Wir beschränken uns dabei auf Szenen, die innerhalb des Dramas — entsprechend für die anderen Gattungen der Dichtkunst — ein besonderes Gewicht haben. (Die Wiedergabe eines gesamten Inhalts in knap= per Form ist eine nur gelegentlich gestellte Konzentrations= und Stilübung.) Wenn nun eine solche Hausaufgabe im Unterricht verlesen wird, so achtet die Klasse darauf, ob das Wesentliche des Handlungsablaufs getroffen ist, und prüft zugleich, ob sich der Mitschüler an die Aufgabe gehalten hat und nicht schon zur Deutung übergegangen ist. Bei der nun folgenden Aufgabe, den Sinn, womöglich auch die sprachliche Eigenart, jedenfalls aber die Schwer= punkte der Charakterzeichnung in einer anderen, ebenfalls gewichtigen Szene zu erfassen, gilt es nun wiederum, die lebenswahre Situation recht eindringlich in das Bewußtsein zu heben. Die Schüler sollen sich vorstellen, daß der Inhalt dem Gesprächspartner bekannt ist und es jetzt darauf ankommt, das Be= wegende von einem bedeutsamen Ansatz aus, von einer Wende des Geschehens etwa, zu ergründen. Worin aber besteht dieses Bewegende?

Ich wähle als Beispiel:

Schiller: Don Carlos

Zuvor ist der Inhalt des zweiten Auftritts im ersten Akt wiedergegeben worden. Die Freunde — Don Carlos und Marquis Posa — haben sich wieder= gefunden und verbinden sich in einem höheren Ziel. (Don Carlos: „Ich werfe mich ganz in deine Arme ...") Der Aufsatz aber stützt sich auf einige der Szenen, in denen diese Freundschaft ins Wanken gerät, nachdem die Warnung des Grafen Lerma zunächst nur einen Keim des Mißtrauens in Don Carlos' Seele hinterlassen hat. (Marquis Posa: „Mein Gebäude stürzt zusammen — ich vergaß dein Herz ...") Innerhalb des literarischen Gegenstandes hat es der junge Mensch mit Freundschaft überhaupt zu tun, mit ihrem Wert, mit ihrem Überschwang, mit ihrer Erprobung; und das gehört zugleich in seine Welt.

Das skeptische Wort des Grafen Lerma: „Jedwede Tugend ist fleckenfrei — bis auf den Augenblick der Probe ..." läßt Schillers Daseinsschau in einer anderen, vielfältigeren Begründung erstehen, als dies mit der bloßen Bezeich= nung „idealistisches Weltbild" in der Gemeinvorstellung festgewurzelt ist. Aus derartigen Ansätzen wird das Verständnis für den Wallenstein vorbereitet.

Eine solche bewegende Frage ersteht selbstverständlich auch unabhängig von einem Schauspiel, von einer Novelle oder einer modernen Kurzerzählung. Aber das ist dann nicht dasselbe. Mit der dichterischen Existenzerhellung ist ein unmittelbarer, objektiver Anstoß gegeben. Ich kann also die Gestimmtheit und die persönlichen Erlebnisgehalte draußen lassen. Will ich von dem objektiven

Gehalt der Dichtung in die persönliche Sphäre übergehen, so vollziehe ich die Lösung von dem Kunstwerk ganz, nutze aber doch den Anstoß, der von der Lektüre und dem literarischen Unterrichtsgespräch gegeben ist. So bei Goethes Faust:

Wir sprachen über die Szene „Marthens Garten" (Margarete: „Wie hast du's mit der Religion?") Von der Dichtung gelöst, erschien nun die Frage: Kann eine enge menschliche Beziehung ohne weltanschaulichen Einklang von Dauer sein? — Von Faust und Gretchen war also nicht mehr die Rede, wohl aber war durch die literarische Betrachtung das Verständnis für ein zeitloses Motiv menschlichen Suchens nach Gemeinsamkeit eröffnet.

Ein weiteres Beispiel für den Übergang vom literarischen Aufsatz zu einer anderen Form des schriftlichen Ausdrucks: Wir geben ein Thema zu E. G. Winkler „Legenden einer Reise". Die Aufgabe besteht in einer literarischen Facharbeit, d. h. die Bearbeiter denken sich in Winklers Art einer Reiseaufzeichnung hinein, sie beschäftigen sich mit den Eigenarten seiner Sprache. Dies mag aber einen Einfluß ausüben auf eigene Gestaltungen, die im Anschluß an eine Reise vorgenommen werden oder in Form des Tagebuchs erfolgen. Es wäre dies nicht eine Gestaltung „in der Art Winklers", wohl aber fördert die Beschäftigung mit dem dichterischen Kunstwerk, die ihren Niederschlag im literarischen Aufsatz findet, den eigenen Stil und kann zu einer genaueren und vertiefenden Betrachtung der Umwelt führen.

Aus der deutschen Literatur des Mittelalters

Das Nibelungenlied

Zitate und Seitenangaben beziehen sich auf „Auswahl aus dem Nibelungenlied", hg. v. F. R. Franke u. H. Mann. Hirschgrben-Verlag.

Vergleichen Sie den Atli aus der Edda (S. 6 ff.) mit dem Etzel des Nibelungenliedes!

Aus welchen verschiedenen Motiven handeln die Gudrun des Atliliedes (S. 7 ff.) und die Kriemhild des Nibelungenliedes?

Als Werbender erscheint Siegfried in Worms, — wie aber tritt er auf? — Beachten Sie die Stellung Hagens am burgundischen Königshof! (S. 22 ff.)

Siegfried und Kriemhild begegnen sich nach höfischer Sitte — Erschließen Sie die Feinheiten in der Darstellung des hochmittelalterlichen Dichters (S. 27 ff.)

Der Zank der Königinnen (S. 39 ff.) — Woher rührt eigentlich Brunhilds Haß?

Worin besteht „daz ich die sêle vliese, des enhan ich niht gesworn ..." (S. 67 Strophe 2150) das Tragische in Rüdigers Geschick?

Sehen Sie in Hagen eine Heldengestalt?

Stellen Sie dar, wie aus der liebenden jungen Kriemhild die „valandinne" (S. 74 Strophe 2371) wird!

„Nibelungentreue" — was halten Sie davon? — Erkennen Sie Werte darin, die auch in unserer Zeit bestehen können?

Wolfram v. Eschenbach: Parzival

„da horte er schal von huofslegen ..." – Die Begegnung mit den Rittern – Humor in Wolframs Parzival

Parzival — der reine Tor. An der Wende von Kindheit und Mannestum

tumbheit — zwîfel — saelde

Parzival und Kondwiramur — Die Durchbrechung höfischer Form in der menschlichen Begegnung

Der Bearbeitung dieses Themas liegt die Übersetzung Stapels (München 1950) zugrunde. Vgl. Ursula Heise, Frauengestalten im Parzival Wolframs von Eschenbach. In: Der Deutschunterricht 1957, Heft 2.

Die Stufen in Parzivals Entwicklung

Zeitlose Bildungswerte in Wolframs Parzival

Das Märchen

Volksmärchen und Kunstmärchen — Legen Sie dieser Arbeit den Schluß von „Schneewittchen" und „Des Kaisers neue Kleider" zugrunde!

Das Motiv der Stiefmutter in Grimms Märchen

Vgl. Max Lüthi, Das europäische Volksmärchen. Sammlung Dalp — Lutz Röhrich, Märchen und Wirklichkeit, Wiesbaden 1956.

Märchen und Antimärchen — Erschließen Sie den Unterschied aus den folgenden Texten:

Brüder Grimm: Die Sterntaler

Es war einmal ein kleines Mädchen, dem war Vater und Mutter gestorben, und es war so arm, daß es kein Kämmerchen mehr hatte, darin zu wohnen, und kein Bettchen mehr, darin zu schlafen, und endlich gar nichts mehr als die Kleider auf dem Leib und ein Stückchen Brot in der Hand, das ihm ein mitleidiges Herz geschenkt hatte. Es war aber gut und fromm. Und weil es so von aller Welt verlassen war, ging es im Vertrauen auf den lieben Gott hinaus ins Feld. Da begegnete ihm ein armer Mann, der sprach: „Ach, gib mir etwas zu essen, ich bin so hungrig." Es reichte ihm das ganze Stückchen Brot und sagte: „Gott segne dirs!" und ging weiter. Da kam ein Kind, das jammerte und sprach: „Es friert mich so an meinem Kopfe, schenk mir etwas, womit ich ihn bedecken kann." Da tat es seine Mütze ab und gab sie ihm. Und als es noch eine Weile gegangen war, kam wieder ein Kind und hatte kein Leibchen an und fror, da gab es ihm seins: und noch weiter, da bat eins um ein Röcklein, das gab es auch von sich hin. Endlich gelangte es in einen Wald, und es war schon dunkel geworden, da kam noch eins und bat um ein Hemdlein, und das fromme Mädchen dachte: „Es ist dunkle Nacht, da sieht dich niemand, du kannst wohl dein Hemd weggeben" und zog das Hemd ab und gab es auch noch hin. Und wie es so stand und gar nichts mehr hatte, fielen auf einmal die Sterne vom Himmel und waren lauter harte, blanke Taler: und ob es gleich sein Hemdlein weggegeben, so hatte es ein neues an, und das war vom allerfeinsten Linnen. Da sammelte es sich die Taler hinein und war reich für sein Lebtag.

Aus Büchner: Woyzeck

Es war einmal ein arm Kind und hat kein Vater und keine Mutter, war alles tot und war niemand mehr auf der Welt. Alles tot, und es ist hingegangen und hat

gesucht Tag und Nacht. Und weil auf der Erde niemand mehr war, wollt's in Himmel gehn, und der Mond guckt es so freundlich an; und wie es endlich zum Mond kam, war's ein Stück faul Holz. Und da ist es zur Sonn gangen, und wie es zur Sonn kam, war's ein verwelkt Sonneblum. Und wie's zu den Sternen kam, waren's kleine goldne Mücken, die waren angesteckt, wie der Neuntöter sie auf die Schlehen steckt. Und wie's wieder auf die Erde wollt, war die Erde ein umgestürzter Hafen. Und es war ganz allein, und da hat sich's hingesetzt und geweint, und da sitzt es noch und ist ganz allein.
Vgl. dazu auch Jutta Wermke, Wozu Comics gut sind?! Materialteil 1 „Märchen und märchenhafte Comics". Verlagsgemeinschaft Scriptor / Hirschgraben, Kronberg / Frankfurt 1973 (mit zahlreichen Arbeitsanregungen).

Das Drama

Die Klassenstufe ergibt sich zumeist aus den Lehrplänen. Sonst erfolgt ein Vorschlag.

Sophokles: Antigone

Haimons Besonnenheit und Kreons Unbesonnenheit – Die entscheidende Auseinandersetzung.

Die römische Zahl gibt den Akt, die arabische den Auftritt an.
Reclam-Text S. 32—38.

Von den Schülern wird erwartet, daß sie aus dem Text erkennen und begründen, wie Haimon dem Vater entgegenkommt, ihn zur Einsicht zu bringen versucht und erst nach diesen vergeblichen Bemühungen hart anklagt und schließlich verzweifelt.

Die Klage Antigones — Zeigen Sie auf, wie schwer es ihr wird, sterben zu müssen! — Was bedeutet dies bis in unsere Zeit für die Aufführung dieses klassischen Bühnenwerkes im Theater?

Das Unbedingte in Kreon und Antigone – Aus welchen mythischen Kräften handelt Antigone, aus welcher Auffassung von der Polis Kreon?

Reclam-Text S. 21—27.
Zur Vorbereitung, Gerhard Nebel, Weltangst und Götterzorn. Stuttgart 1951.

König Ödipus — Richter und Gerichteter

Zeigen Sie die Entwicklung des Ödipus von der tragischen Blindheit zur wirklichen Blendung!

Die thebanische Sage war der Behandlung des Stückes vorangestellt, weil der griechische Zuschauer die Fabel ebenfalls von vornherein kannte. Diese Voraussetzung erlaubt es nun, die Doppeldeutigkeit in Ödipus' Worten (Richter und Gerichteter) zu erhellen. Die tragische Blindheit setzt ein im „blinden Zorn" des Königs gegen den Seher und gegen Kreon. Die verschiedenen Phasen des Verhörs sind zu behandeln und schließlich die Blendung als Bekenntnis zur tragischen Schuld. Die konsequent durchgeführte Symbolik des Augenblicks (der blinde Seher — der sehend Unwissende — Blendung) kann zum Leitfaden des Aufsatzes werden.
Zur Vorbereitung: Jaspers, Über das Tragische, Piperbücherei 49

Gotthold E. Lessing: Nathan der Weise

Charakteristik, zur Auswahl: Sultan Saladin, Daja, der Derwisch, Der Patriarch von Jerusalem.

Zur Vorbereitung, vor allem für das dritte Thema: Kuno Fischer, G. E. Lessing als Reformer der deutschen Literatur.

Die Wandlung des Tempelherrn (II, 5)

Saladin und Nathan — was erwartet der eine von dem anderen, und welches menschliche Verhältnis entsteht dann aus ihrer Begegnung? (III, 4—7)

Geben Sie eine Deutung der Ring-Parabel!

Friedrich Schiller: Die Räuber

Die Themen sind nach dem Grad der Schwierigkeit geordnet.

Der Räuberhauptmann Karl Moor – Was trieb ihn in die böhmischen Wälder? (I, 2)

Libertiner und Banditen – Wie gruppiert Schiller die Räuberbande um ihren Hauptmann Karl Moor: (II, 3; IV, 5)

Warum mußte Karl Moor mit seinen Libertinern scheitern? (Monologe Karls II, 3; V, 2)

Franz Moor – Erkennen Sie in dieser Gestalt menschlich bewegende Züge? (Monologe und V, 1)

Die Klasse hat eine Aufführung des Werkes in einer neuen Inszenierung gesehen.
Stellen Sie an einem oder mehreren Beispielen dar, wie die Gestalten Schillers aufgefaßt sind!

Wie agieren die Räuber?

Wie ist die Atmosphäre beschaffen, die durch Bühnenbild (hier ein Rundhorizont mit einem Comic-Strip nach einem Bild des amerikanischen Malers Roy Lichtenstein), Kostüme, Masken (in verschiedenen grellen Farben) und Beleuchtung hervorgerufen wird?

Johann W. Goethe: Egmont

Egmont und die Bürger — In welcher Weise sehen sich die Bürger in dem Grafen Egmont repräsentiert?

Egmont in den Augen des Volkes – Wie charakterisiert Goethe seinen Helden, ehe dieser überhaupt auftritt? (I)

Ähnlich wie Schillers „Maria Stuart" ist „Egmont" ein Drama der bedeutsamen Gegenüberstellungen. In den Dialogen entfaltet sich der geistige Gehalt der Bühnendichtung. Hierzu die folgenden Themen:

Egmont und Oranien – Warum geht Egmont trotz der Warnung Oraniens zu Alba? – Geben Sie die Begründung aus seinen Lebensauffassungen! (II)

Was ist für Egmont, was nennt Alba Freiheit? – Vergleichen Sie die Auffassungen in der großen Auseinandersetzung vor Egmonts Verhaftung! (IV)

Die letzte Lebensstunde – Was bedeutet für Egmont Ferdinands Bekenntnis zu ihm? (IV)

Einzubeziehen ist, wie zuvor die Sorge Egmont übermannte.

Friedrich Schiller: Don Carlos

Durchwachte Nacht – Philipp II. und seine Ratgeber. (III, 3 u. 4)

„Jetzt gib mir einen Menschen, gute Vorsicht ..." Despotismus und menschliches Fühlen in der Gestalt Philipps II. (III, 5)

Ist der Marquis Posa wirklich ein Freund? (IV, 5 u. 6; V, 3)

Was bedeutet für Philipp II., was für den Großinquisitor der Tod des Marquis Posa? (V, 10)

Tragischer Irrtum – tragische Ironie! Warum überantwortet Philipp seinen Sohn dem Großinquisitor? (V)

Die Schüler ziehen Einzelheiten aus anderen Akten hinzu, wie das auch bei den meisten anderen Interpretationsthemen notwendig ist. Um dieses schwierige Thema bewältigen zu können, müßte dem Bearbeiter klar sein, daß Don Carlos die Liebe zu seiner Stiefmutter bereits um seiner politischen Aufgabe willen überwunden hat, als das Verhängnis ihn erreicht.

Johann W. Goethe: Iphigenie

„Olympier, ... rettet mich und rettet euer Bild in meiner Seele."

Iphigeniens Entscheidung (Monologe IV, 3 u. 5)

Thoas und die Überwindung der Barbarei – Erziehung des Menschengeschlechts als Idee der klassischen Dichtkunst

Orest nennt Iphigenie eine „schöne Nymphe", später spricht er sie an: „Du Heilige ..." — Wie verstehen Sie diesen Wandel?

Vergleichen Sie die Gestalt der Iphigenie bei Euripides und bei Goethe nach dem Ausgang beider Dramen!

Friedrich Schiller: Wallenstein

Welches Bild des Lagerlebens im Dreißigjährigen Krieg entsteht in den ersten Auftritten? (Lager 1—6)

Die Kapuzinerpredigt — Wie läßt Schiller die Gegensätze im Heere Walleinsteins dramatisch hervortreten? (8)

Diese Themen bereits in der O II, die folgenden ab U I.

Geben Sie den Gedankengang des Prologs in Schillers Wallenstein wieder

Wallensteins diplomatisches Spiel mit den Schweden in Schillers dramatischer Gestaltung. (Wallensteins Tod I, 5)

Wallensteins Feinde – Aus welchen Beweggründen handelt Octavio Piccolomini, aus welchen Buttler? (Wallensteins Tod II, 6)

Ist Octavio Piccolomini nur ein herzloser Streber? (Die Piccolomini V, 1, Wallensteins Tod II, 6, 7)

„Mein Schicksal trenn' ich nimmer von dem deinen —" In welcher Begrenzung ist dieses Wort Max Piccolominis gesprochen? — Legen Sie die Verschiedenheit in den Auffassungen von Max und Wallenstein dar! (Wallensteins Tod, II, 2)

Wallenstein in der Entscheidung – Seine Welterkenntnis in dem großen Monolog (Wallensteins Tod I, 4)

„Jetzt brauch ich keine Sterne mehr dazu ..." – Wallensteins tragische Einsamkeit im Ausgang des Dramas.

Johann W. Goethe: Faust – Der Tragödie erster Teil

„Zwar weiß ich viel, doch will ich alles wissen" – Wagner als Kontrastfigur zum Wahrheitssucher Faust

Der Nachbarin Haus — Enthüllung der Charaktere im dramatischen Zusammenspiel

Zu beachten ist die Funktion Mephistopheles', der hier dramaturgisch „reizt und wirkt". Durch seine Geschichte vom Lebenswandel und Sterben des Schwertlein und durch die Aufdringlichkeit gegenüber Gretchen lockt er die für die beiden anderen Rollen charakteristischen Reaktionen hervor.

Erkenntnis seiner selbst — Faust in der Szene „Wald und Höhle"

Die Gretchenfrage – Das Ringen der Geliebten um den inneren Einklang mit Faust (Marthens Garten)

Weltmann und Teufel – Was erwarten Sie von der Darstellung des Mephistopheles auf der Bühne?

Wie verstehen Sie das Zikadengleichnis aus dem Prolog im Himmel?

Mephistopheles: Der kleine Gott der Welt bleibt von gleichem Schlag.
Und ist so wunderlich als wie am ersten Tag.
Ein wenig besser würd' er leben,
Hätt'st du ihm nicht den Schein des Himmelslichts gegeben;
Er nennt's Vernunft und braucht's allein,
Nur tierischer als jedes Tier zu sein.
Es scheint mir, mit Verlaub von Euer Gnaden,
Wie eine der langbeinigen Zikaden,
Die immer fliegt und fliegend springt
Und gleich im Gras ihr altes Liedchen singt ...

Das Thema wird zum Abschluß der Behandlung von Faust I gegeben. An den rastlosen Aufschwüngen und Ernüchterungen Fausts läßt es sich exemplifizieren. Die Vorausschau Mephistopheles' läßt sich anhand der Gretchentragödie kritisch überprüfen.

Friedrich Schiller: Die Jungfrau von Orleans

„Sie geht mit gesenktem Haupt und unsicheren Schritten ..." Höchster äußerer Triumph und innere Verzweiflung Johannas – Deutung einer wortlosen Szene.

Heinrich v. Kleist: Prinz Friedrich von Homburg

„Ach, welch ein Heldenherz hast du geknickt..." Nataliens Verhalten in der Krisis des Prinzen von Homburg. (IV, 1 u. 4)

Bedeutungsvolle Minuten – Welche Wendung haben die Darsteller des Prinzen von Homburg und der Prinzessin Natalie bei der Begegnung im Kerker zum Ausdruck zu bringen? (IV, 4)

„Das Leben nennt der Derwisch eine Reise..." (IV, 3) – Durch welches dunkle Tal muß der Prinz von Homburg gehen, ehe er zur Läuterung findet?

Lebenstraum, Todesangst, Selbsterkenntnis des Prinzen von Homburg.

Das letzte, das weiträumigste Thema gab ich unter dem Titel „Die Schleier fallen" als Reifeprüfungsaufsatz. Die Angabe von Szenen oder Textstellen mußte entfallen, ihre Auswahl dem Schüler überlassen werden. Auf den sprachlich so schönen Monolog V, 10 „Nun, o Unsterblichkeit, bist du ganz mein..." habe ich jedoch verwiesen.

Friedrich Hebbel: Maria Magdalena

„Ich verstehe die Welt nicht mehr!" – Meister Antons Rechtschaffenheit und seine menschliche Enge

Klara als Opfer ihrer kleinbürgerlichen Umwelt

Friedrich Hebbel: Agnes Bernauer

Törring und der alte Bernauer – Ständischer Gegensatz des späten Mittelalters in Hebbels dramatischer Gestaltung (II)

Schönheit als Verhängnis — War Agnes Bernauers Untergang unvermeidlich? — Überdenken Sie die Motivierung Hebbels für den Entschluß Herzog Ernsts, Agnes Bernauer zu vernichten! (IV)

Wie läßt Hebbel die toten Dinge mitspielen: Schmuck, Perlen, welke Blumen? (III, 8)

Georg Büchner: Dantons Tod

Danton und Robespierre — Ihre Einstellung zu den Menschen — Robespierres Einsamkeit (I, letzte Szene)

St. Just — Seine Einstellung zu den Menschen — Rede vor dem Nationalkonvent (II)

Danton und das Nichts — Wie verstehen Sie seine schwermütige Einsamkeit gegenüber Leben und Ewigkeit (II, Freies Feld — Es ist Nacht)

Volksszenen in „Dantons Tod" — Welches Bild geben diese Szenen von der französischen Revolution?

Den Schülern kann außer dem Text auch Büchners Brief über Dantons Tod an seine Eltern zur Auswertung gegeben werden. Sie können dann jeweils im Text aufsuchen, was Büchner, dem Brief nach, in seinem historischen Drama ausdrücken will.

Georg Büchner: Woyzeck

Hauptmann und Doktor als Typen pervertierter Bürgerlichkeit (Straße, Der Hof des Doktors)
„Jeder Mensch ist ein Abgrund" (Mariens Kammer) — Woyzeck und Marie
Welche Bedeutung haben die Volksszenen für die Aufführbarkeit dieses dramatischen Fragments? (Buden, Lichter, Volk; Wirtshaus)
„... und da sitzt es noch und ist ganz allein." (Straße) — Was bedeutet das Antimärchen im Zusammenhang dieses Geschehens?

Vgl. Benno v. Wiese, Die deutsche Tragödie von Lessing bis Hebbel, S. 533.

Gerhart Hauptmann: Die Weber

Ausgabe: Propyläen Textausgabe.

Was ist in Gerhart Hauptmanns Drama anders als in älteren Bühnenwerken, die Sie kennen? — Überlegen Sie dabei, wer in dem naturalistischen Drama die Handlung trägt!
Jäger und Wittig — Vergleich zweier Revolutionäre
Die Not der Weber in den Augen von Menschen aus anderen Ständen: der Bauern, des Handlungsreisenden, des Tischlers ...
Die Mundart als Mittel der Charakterisierungskunst

Gerhart Hauptmann: Michael Kramer

Ausgabe: Verlag Schöningh, Paderborn.

Michael Kramer und sein Sohn Arnold — Spiegelt sich in beider Lebensart auch ihre künstlerische Verschiedenheit?

Im wesentlichen zu erarbeiten aus dem 2. Teil des zweiten Aktes.

Gerhart Hauptmann: Der Biberpelz

Die Wolffen und ihre Töchter — Sie sagt zu Leontine über ihren Julian: „A hat eben keen Bildung gelernt." Sie fügt hinzu: „Das wer mit euch ooch nich andersch sein, wenn ich euch nich hätte gebildt erzogen ..." (I) — Schreiben Sie darüber, wie aus dem Kontrast die Komik entsteht.
„... Sie kenn uns abissel leichten d'rzu!" (Ende des I. Aktes) — Beim Holzdiebstahl läßt die Wolffen den Amtsdiener die Laterne halten; geben Sie weitere Beispiele für ihre Pfiffigkeit und erklären Sie damit die Bezeichnung „Diebeskomödie" im Titel dieses Stückes!
Amtsvorsteher Wehrhahn — eine zeitsatirische Figur — Gehen Sie von dem Schluß des Stückes aus, wenn Sie aufzeigen, wie der Dichter die Wolffen ihr Spiel mit ihm treiben läßt!
Komödie mit sozialkritischem Hintergrund — Die Wolffen und ihre Familie — Beachten Sie die ausführlichen Szenenanweisungen in dem naturalistischen Lustspiel!

Zeigen Sie an einer Person des Stückes (der Amtsvorsteher, Wolff, Frau Wolff), wie diese schon aus ihrer Redeweise charakterisiert wird!

Gerhart Hauptmann: Fuhrmann Henschel

Charakterisieren Sie einige der Nebenfiguren und zeigen Sie dabei auf, welche Bedeutung sie für das Milieu haben, dessen genaue Darstellung dem naturalistischen Dichter wesentlich ist!

Die Bearbeitung setzt den Besuch einer Aufführung voraus, in der Volkstypen wie der alte Fuhrmann Hauffe naturgetreu getroffen sind.

Hugo v. Hofmannsthal: Der Turm (13. Schj.)

Ausgabe: Fischer-Schulausgabe.

Die Begegnung zwischen dem König Basilius und Sigismund — ist eine Versöhnung zwischen Vater und Sohn möglich?

Julian sagt zu Sigismund: „Dir fehlt die schimmernde Ahnung, was das heißt: Leben. Höre: Durch Taten ist die Welt bedingt". (II, 2) Gibt der Ausgang des Trauerspiels Julian recht?

Die letzten Worte Sigismunds sind: „Gebet Zeugnis: ich war da. Wenngleich mich niemand gekannt hat." (V) — Beschreiben Sie die Hauptfigur nach den entscheidenden Gestaltungszügen des Trauerspiels!

Vergleichen Sie die beiden Fassungen des Trauerspiels im Hinblick auf den unterschiedlichen Ausgang

Bertolt Brecht: Mutter Courage und ihre Kinder

Ausgabe: edition suhrkamp 49.

Die erste Szene des Stückes als Satire auf den Krieg — Verfolgen Sie den ironischen Doppelsinn in den Worten des Werbers und des Feldwebels!

Eilifs „große Tage" und sein Untergang — Wie zeigt sein Geschick den Widersinn des Krieges auf?

„Mir scheint, ich habe zu lang gehandelt..." (3) — Werten Sie die Umstände, unter denen Mutter Courage ihren Sohn Schweizerkas verliert, und beachten Sie dabei, wie die Tugend der Redlichkeit im Kriege verfremdet wird!

Fragwürdigkeit der Tugenden in einer solchen Welt — Wie verstehen Sie das Tugendlied des Koches (9)? — Beziehen Sie das Geschehen des neunten Bildes ein!

Kattrin trommelt — Die Stumme fällt dem Kriege zum Opfer wie ihre Brüder, und doch besteht ein Unterschied; arbeiten Sie diesen heraus!

„Will vom Krieg leben / Wird ihm wohl müssen etwas geben." — Wie erfüllen sich diese an Mutter Courage gerichteten Worte des Feldwebels im weiteren Verlauf des Stückes?

Messen Sie die Darstellung der Courage (oder einer anderen Person) in der von uns besuchten Aufführung an Brechts Anleitungen für den Schauspieler:

„Der Schauspieler läßt es auf der Bühne nicht zur restlosen Verwandlung in die darzustellende Person kommen. Er ist nicht Lear, Harpagon Schwejk, er zeigt diese Leute. Er bringt ihre Aussprüche so echt wie möglich, er führt ihre Verhaltensweisen vor, so gut es ihm seine Menschenkenntnis erlaubt, aber er versucht nicht, sich (und dadurch andern) einzubilden, er habe sich hiermit restlos verwandelt ... Ist die restlose Verwandlung aufgegeben, bringt der Schauspieler seinen Text nicht wie eine Improvisation, sondern wie ein Zitat. Dabei ist es klar, daß er in dieses Zitat alle Untertöne, die volle menschliche, konkrete Plastik der Äußerung zu geben hat; wie auch die Geste, die er vorzeigt, und die nunmehr eine Kopie darstellt, die volle Leiblichkeit einer menschlichen Geste haben muß."
Aus: Bert Brecht, Neue Technik der Schauspielkunst, abgedruckt in: „Wandlung der dramatischen Form". Sein und Sagen 9, Hirschgraben-Verlag, Frankfurt/M. Hierzu weiterhin: Materialien zu Brechts „Courage", edition suhrkamp 50; Bertolt Brecht, Über Politik auf dem Theater, edition suhrkamp 465.

Bertolt Brecht: Der gute Mensch von Sezuan

Ausgabe: edition suhrkamp 73.

Der erfundene Vetter Shui Ta gewinnt Leben — Zeigen Sie aus der Situation des kleinen Tabakladens, warum Shen Te ein zweites Ich braucht, um in dieser Welt bestehen zu können! (1;2)

„Die Liebkosungen gehen in Würgungen über.
Der Liebesseufzer verwandelt sich in Angstschrei.
Warum kreisen die Geier dort?
Dort geht eine zum Stelldichein!" (5)
Mit welchen dramatischen und sprachlichen Mitteln enthüllt der Dichter die eigensüchtigen Motive Sun's?

Die Bearbeiter werden den sozialen Hintergrund seines Verhaltens darzulegen haben, bei den sprachlichen Eigenarten die Verwendung von Spruchweisheiten. Stärkste dramatische Wirkung geht in dieser Szene von der Doppelrolle Shen Te — Shui Ta aus.

Geben Sie Ihren Eindruck von der Szene „Shui Ta's Tabakfabrik" (8) wieder! — In welchen Formen wird der Zuschauer zum Mitdenken und zur Stellungnahme aufgerufen?

Die Bearbeiter werden das Wechselspiel beachten, wie es zwischen dem Ablauf der Handlung und dem verfremdenden Kommentar der Frau Yang vollzieht, hierzu die Wirkung des Liedes vom Achten Elefanten.

„Der Hauptvorzug des epischen Theaters mit seinem V-Effekt, der den einzigen Zweck verfolgt, die Welt so zu zeigen, daß sie behandelbar wird, ist gerade seine Natürlichkeit und Irdischkeit, sein Humor und sein Verzicht auf alles Mythische, das dem üblichen Theater noch aus alten Zeiten anhaftet." B. Brecht — Zeigen Sie an Beispielen aus Brechts Stück „Der gute Mensch von Sezuan" (oder aus einem anderen) auf, wie der Dichter diese Auffassung verwirklichte!

Der Aufsatz „Neue Technik der Schauspielkunst", aus dem das Zitat entnommen ist, findet sich mit anderen Beiträgen des Dichters in: Wandlung der dramatischen Form. Sein und Sagen 9. Hirschgraben-Verlag, Frankfurt/M.

Friedrich Dürrenmatt: Der Besuch der alten Dame

Ausgabe: Verlag Die Arche, Zürich

Ankunft der alten Dame — Mit welchen Darstellungsmitteln läßt Dürrenmatt den Zustand der Stadt Güllen deutlich werden?

„Voll und ganz mein Zauberhexchen" — Ills Wiedersehen mit Klara und die drastische Zerstörung der Illusion (S. 32 f.)

Die gelben Schuhe — Was sagt dieses Requisit über das ökonomische Verhalten der Güllener aus, zum anderen über den Wechsel in Ills Bewußtsein seiner Lage? (II)

Der Lehrer: „Wir haben schließlich unsere abendländischen Prinzipien." (S. 66)
Der Bürgermeister: „Lieber bleiben wir arm, denn blutbefleckt." (S. 35)
Verfolgen Sie nach Äußerungen dieser Personen im weiteren Verlauf, was jeweils daraus wird!

Claire Zachanassian, ihre Gatten, ihre Eunuchen — Welche grotesken Züge gibt Dürrenmatt der alten Dame?

„Die Dame hat Humor, das ist nicht zu übersehen, da sie Distanz zu den Menschen besitzt als zu einer käuflichen Ware, Distanz auch zu sich selber, eine seltsame Grazie ferner, einen bösartigen Charme." (Dürrenmatts Nachwort, S. 102) — Geben Sie danach eine Charakteristik! — Wie hat der Dichter die Hauptperson gedacht, wie ist sie Ihnen bei der Aufführung (Lektüre) erschienen?

„Man spiele den Vordergrund richtig, den ich gebe, der Hintergrund wird sich von selber einstellen." (Nachwort S. 101) — Von dieser Anweisung des Bühnenautors an den Schauspieler aus sollen Eindrücke von der Aufführung wiedergegeben werden.

Dürrenmatt nennt sein Stück eine tragische Komödie, — wie ist dieser Untertitel zu verstehen?

Max Frisch: Andorra

Ausgabe: Suhrkamp, Frankfurt 1961.

Der Wirt: „Ich gebe zu: Wir haben uns in dieser Geschichte alle getäuscht ..."
Welche Funktion erfüllen die Zwischenszenen „Vordergrund"? — Beachten Sie dabei, wie mit diesem Mittel des gegenwärtigen Theaters der Zuschauer engagiert werden soll!

Der Doktor — ein Typus. Gerade diese Rolle kann den Darsteller zu einer publikumswirksamen Karikatur verleiten. In den Anmerkungen zu seinem Stück verlangt der Autor, dies unter allen Umständen zu vermeiden. Ergründen Sie nach dem Text des Stückes, warum Max Frisch hinzufügt, die „Darstellung sollte so sein, daß der Zuschauer vorerst zur Sympathie eingeladen wird, mindestens zur Duldung, indem alle harmlos erscheinen, und daß er sich immer etwas zu spät von ihnen distanziert, wie in Wirklichkeit."

Der Pater: „... auch ich habe ihn an den Pfahl gebracht." — Deuten Sie dieses Schuldbekenntnis eines wohlmeinenden Menschen! (Siebentes und Neuntes Bild)

Andri und seine Umwelt — Verfolgen Sie das Ausgeliefertsein an ein Vorurteil, wie es sich bereits in der Umwelt des Jugendlichen zeigt. (Drittes Bild)

Die Judenprobe — Gehen Sie der Entwürdigung des Menschen nach, wie sie in dieser Szene zutagetritt (Zwölftes Bild)

Das Wort Entwürdigung bezieht sich auf die durch Angst hervorgerufene Verhaltensweise der Andorraner. In diesen Zusammenhang gehört es, daß die Angst vor den Schwarzen die Bevölkerung Andorras schon gelähmt hat, bevor diese die Grenze überschritten.

„Der andorranische Jude" — Prüfen Sie nach, wie Max Frisch diese Aufzeichnung in den Tagebüchern in seinem Stück verwirklicht, „auf Figur" gebracht hat!

Ausgabe: Max Frisch, Tagebücher, Suhrkamp, S. 35 f.

Das Hörspiel

Max Frisch: Herr Biedermann und die Brandstifter

Ausgabe: Schöninghs Deutsche Textausgaben 322. Bühnenfassung: edition suhrkamp 41.

Welche dramaturgische Bedeutung hat in dem Hörspiel die Figur des „Verfassers"?

Was unterscheidet das Hörspiel von der Bühnenfassung? (Hausaufsatz)

Leopold Ahlsen: Philemon und Baukis

Ausgabe: Schöninghs Deutsche Textausgaben 321.

„Das Hörspiel im Unterschied zur Tragödie idealisiert nicht, es läßt seine Gestalten im Bereich des Individuellen. Ja, es ist ganz offensichtlich, daß Hörspielfiguren sich auch der geringsten Idealisierung noch widersetzen, daß sie isolierte heutige Menschen, daß sie Leidende unseresgleichen sein wollen." H. Schwitzke — Gehen Sie dieser Erkenntnis nach, indem sie die klassischen Gestalten Philemon und Baukis mit dem Paar Nikolaos und Marulja in Ahlsens Hörspiel vergleichen!

Einen der Höhepunkte dieses Hörspiels stellt das Gespräch zwischen Marulja und Alka dar. Charakterisieren Sie, davon ausgehend, diese beiden Frauengestalten!

Was ist ein Hörspiel? — Beziehen Sie die Erkenntnisse des folgenden Textes auf ein Ihnen bekanntes Hörspiel! (Hausaufsatz)

„... Sowohl das Dramatische als auch das Epische, sogar das Lyrische eignen dem Hörspiel. Die Welt seiner Phantasie kann einen Rundfunkhörer im stillen Zimmer mehr von der Umwelt abschließen als ein verdunkelter Zuschauerraum. Es genügt also nicht, die an sich richtige Grundforderung aufzustellen, das Hörspiel müsse, da es nicht sichtbar ist, um so dramatischer sein. Man kann nicht allein durch Handlung Spannung erzeugen. Eine Sendung kann, außer, daß sie den Hörer fesselt, ihn ‚bannen'. Und das können alle Mittel der Sprache, das kann auch ein lyrischer Satz.

Natürlich ist das Hörspiel als ‚Spiel' ein Kind des Dramas; aber Epik und Lyrik streiten sich um die Patenschaft. Entscheidend für das einzelne Hörspiel wird es sein, ob der Stoff einen dramatischen, epischen oder lyrischen Kern enthält. Vielfach werden sich diese Elemente zu einer gemeinsamen und um so stärkeren Wirkung vereinen. Man wird bei solchen Hörspielen dann von einem ‚beseelten dramatischen Vorgang' sprechen, wobei in dieser Bezeichnung schon alle drei

Elemente enthalten sind." Otto Heinrich Kühner (Hörspiel I, Buchner-Verlag, Bamberg, S. 171 f)
Anregungen für die Behandlung des Hörspiels bei Werner Klose, Didaktik des Hörspiels. Reclam Verlag, Stuttgart 1974

Kurzerzählungen: Parabeln, Aufzeichnungen

Franz Kafka: Der Kübelreiter

Wie verstehen Sie das Wort „Region der Eisgebirge", wenn Sie auf Schauplatz und Figuren dieser Erzählung zurückblicken? — Beachten Sie die präzise Einfügung von Wirklichkeiten in eine andere Dimension der Welterfahrung!

Franz Kafka: Vor dem Gesetz

Wie verstehen Sie die Figur des Türstehers? — Kafkas eigene Deutung aus dem Roman „Der Prozeß" kann in die Betrachtung einbezogen werden.

Als Auszug in: Zeichen der Zeit, Deutsches Lesebuch, Band IV. Fischer-Bücherei.
Ausgabe: List-Taschenbuch.

Franz Kafka: Beim Bau der chinesischen Mauer

„... Gerade dir hat der Kaiser von seinem Sterbebett aus eine Botschaft gesendet..." – Welche Deutung finden Sie für die Parabel von der kaiserlichen Botschaft in Kafkas parabolischer Erzählung?

Eine ganze Reihe solcher Themen läßt sich gewinnen aus dem Bändchen „Die Wiederkehr der Parabel", hg. v. Grete Schneider (Sein und Sagen 13), Hirschgraben-Verlag.

Wolfgang Borchert: Nachts schlafen die Ratten doch

Ausgabe: Erzählungen der Gegenwart, Heft 4. Hirschgraben-Verlag, Frankfurt/M.
Erzähler unserer Zeit, Heft 3. Verlag Schöningh, Paderborn.

Aus welcher Perspektive sieht Jürgen den älteren Mann, und wie führt dieser ihn in das Kindsein zurück? — Gehen Sie auf die Sprache Borcherts ein!
Ratten und Kaninchen — Welche Rolle spielt dieser Gegensatz in der Vorstellungswelt des Jungen?

Heinrich Böll: Über die Brücke

Ausgabe: List-Taschenbuch 69

„Vor zehn Jahren spielte sich eine Art Vorgeschichte ab, und vor wenigen Tagen rundete sich das Bild ..." — Welche Bilder belanglosen Daseins fügt der Dichter über den Zeiteinschnitt des zweiten Weltkrieges hin zusammen?
„... dieses schauerliche Wippen sechshundert Meter lang ..." — Vergleichen Sie dieses Gefühl der Angst im ersten Teil der Erzählung mit den Empfindungen des Reisenden bei der Fahrt über die nur eben wiederhergestellte Brücke nach dem Kriege!

Heinrich Böll: Wir Besenbinder

Ausgabe: List-Taschenbuch 69

Das Symbol der Kreise — Gehen Sie diesem Symbol in den zwei Erlebnisebenen, Schule und Krieg in Rußland, nach!

Ilse Aichinger: Die geöffnete Order

Ausgabe: Moderne Deutsche Kurzgeschichten. Sein und Sagen 1. Hirschgraben-Verlag, Frankfurt/M.

Entwickeln Sie aus dem Anfangsabschnitt die parabolische Struktur dieser Kurzgeschichte

Das Phänomen der unerwarteten Wendung in Aichingers Kurzgeschichte

Alfred Andersch: Geister und Leute (11. Schj.)

Ausgabe: List-Taschenbuch.

In welcher Weise mischt der Dichter Wirkliches und Unwirkliches in seiner Geistergeschichte „Ein Auftrag für Lord Glouster"?

Die gleiche Frage läßt sich für die Geschichte „Die Letzten vom Schwarzen Mann" stellen.

Aus demselben Band:

Worin erkennen Sie die Ironie der schlichten Erzählung „Weltreise auf deutsche Art"?

Eugen Gottlieb Winkler: Im Gewächshaus (12. Schj.)

Gehen Sie den Beobachtungen des Dichters am Goldfischbecken nach und beachten Sie dabei die Eigenarten seiner Sprache! — Wie eröffnet sich hier mit einer kleinen Begebenheit das Gefährdende der menschlichen Existenz sich selbst und der Kreatur gegenüber?

Felix Hartlaub: Im Sperrkreis (13. Schj.)

Wie ist die Atmosphäre des Hauptquartiers in diesem „Tagebuch ohne Ich" aufgezeichnet?

Paul Schallück: Unser Eduard

Ausgabe: Deutsche Erzähler der Gegenwart, Reclam 1964

Vier Personen kommentieren den Tod eines jungen Menschen. Wie charakterisieren sie sich damit selbst?

Elisabeth Langgässer: Glück haben

Ausgabe: Moderne Erzähler, Band 10, Verlag Schöningh, Paderborn

Wie und als was werden die beiden Erzählerinnen charakterisiert?

Witz und Anekdote

Aus den folgenden Texten ist zu erschließen, was diesen Formen des Humors gemeinsam ist, und worin sie sich unterscheiden!

Texte: Ein bloßer Kalauer, ein feiner Witz (Ein Ostpreuße ist in Bad Reichenhall zur Kur. Es gibt Spargel, einen riesigen Berg. Der Ahnungslose schneidet sich von dem Berg die Köpfe ab und bugsiert sie mit dem Löffel auf seinen Teller. Der Ober ist entsetzt und flüstert: „Aber Sie können doch nicht alle Köpfe nehmen!" Darauf treuherzig: „Aber Mannchen, das ist ja das Baste!" — Aus: Herbert Schöffler, Kleine Geographie des deutschen Witzes. Vandenhoeck-Reihe, Göttingen), ferner eine Anekdote (aus: Paul Alverdes/Hermann Rinn: Deutsche Anekdotenbuch. dtv 92).

Witze und Anekdoten aus deutschen Landschaften in der Zeitschrift „Merian" und in: Urlaub auf der Wolke, Anekdoten und lustige Geschichten aus Merian. Hamburg 1965.

Die Klassenarbeit wird zum Abschluß einer Unterrichtseinheit gegeben, nachdem die Schüler in eigener Auswahl Witze frei vorgetragen und Anekdoten gelesen haben. Tonband wurde verwendet. Als besonderes Kennzeichen des Witzes war u. a. die Alltäglichkeit festgestellt. Nach dem Vortrag war jeweils zu fragen, ob die Pointe wirksam herausgebracht worden ist. Bei den Anekdoten war das Typische aus einer geschichtlichen Wirklichkeit zu erkennen. „Wir finden jedesmal eine bestimmte Begebenheit in scharfem Zuschnitt auf eine Spitze hin dargestellt." (Erika Essen)

Zur Vorbereitung Erika Essen, Methodik des Deutsch-Unterrichts, Heidelberg 1968.

Heinrich von Kleist: Anekdote aus dem letzten preußischen Kriege

Ausgabe: Deutsches Anekdotenbuch, dtv, S. 174
Die Anekdote wird zuvor in einer Schallplattenaufnahme der Lesung von Heinrich George dargeboten.

Verfolgen Sie, wie die volkstümliche Geschichte in eine knappe, dabei lebensvolle dichterische Form gebracht ist; gehen Sie auf die unverwechselbare Syntax ein!

Die Novelle

Heinrich v. Kleist: Das Erdbeben in Chili

Die Naturkatastrophe in Kleists chronikartiger Darstellung — Folgen Sie dem Weg Josephes und Jeronimos durch die Trümmer von St. Jago!

Die Bearbeiter werden dabei bemerken müssen, wie der Tod Unduldsame (Erzbischof) und Mitfühlende (Äbtissin) gleichermaßen ereilt.

„Indessen war die schönste Nacht herabgestiegen ..." — Der Wechsel von Idyll und Katastrophe ...

„Heiliger Ruchlosigkeit voll ..." — Die Katastrophe im Dom in Kleists dramatischer Schilderung

Sinnbildgehalt der Zeit in der Erzählkunst, begründet aus Kleists Novelle „Das Erdbeben in Chili" (Hausaufsatz)

Gottfried Keller: Romeo und Julia auf dem Dorfe

Manz und Marti – Was will der Dichter mit der Darstellung ihres Streites und Untergangs seinen Landsleuten sagen?

Der schwarze Geiger und die Heimatlosen als Gegenbild zum Schicksal der Kinder

„... ein Zeichen der um sich greifenden Entsittlichung und Verwilderung der Leidenschaften ..." – Eine Zeitungsnotiz, was aber trieb Sali und das Vrenchen eigentlich in den Tod?

Welche Eigenarten entdecken Sie in Gottfried Kellers Stil?

Eingang der Novelle, Streit auf der Brücke, Reclam-Ausgabe S. 32 ff.

C. F. Meyer: Der Heilige

Die Gestalt des Heiligen — Die widerspruchsvollen Züge des Heiligen, die auf heidnische und christliche Wesenselemente schließen lassen, sind nachzuzeichnen

Der König und der Heilige — Inwiefern sind diese gegensätzlichen Gestalten doch aneinander gebunden?

Adalbert Stifter: Brigitta

Das sanfte Gesetz — Wie verwirklicht Stifter diese Grundauffassung seines Schaffens in der Novelle Brigitta?

Bekannt ist der Klasse Stifters Vorrede zu den Studien über das Große und das Kleine, in verschiedenen Lesebüchern anzutreffen.

Bricht alles zusammen? – Wie überwindet Brigitta ihre seelische Not nach der Trennung von Murai?

„Die anderen bekamen Verhaltungsmaßregeln und Lob, sie nicht einmal Tadel ..." – Die Lebenswahrheit in Stifters Schilderung der Jugend Brigittas

Das Kapitel „Steppenvergangenheit".

Was kann Adalbert Stifter heutzutage jungen Menschen geben?

Gerhart Hauptmann: Bahnwärter Thiel

Ausgabe: Reclam UB 6617.

Der Zug kommt — Zeigen Sie nach dieser Textstelle die Eigenarten des naturalistischen Sekundenstils auf!

Spreeuferlandschaft und Bahnstrecke zwischen Morgen und Sonnenuntergang – Die Naturbilder in Hauptmanns „novellistischer Studie"

Traum und Wirklichkeit im Leben des Bahnwärters — Eine Deutung seines Charakters

Thomas Mann: Tonio Kröger

Ausgabe: Fischer-Schulausgabe.

Die Tanzstunde in Thomas Manns ironischer Beleuchtung

„Die Blonden und die Blauäugigen" — Wie ergeht es dem jungen Tonio Kröger mit den Menschen, die er liebt: Hans Hansen, Inge Holm?

Der Künstler und das Leben in der Sicht Thomas Manns, erschlossen aus dem Gespräch Tonio Krögers mit der Malerin Lisaweta Iwanowna

Das Künstlertum als Fluch und Gnade (Tasso, Tonio Kröger)

Stefan Andres: Wir sind Utopia

Ausgabe: Piper Verlag, München.

Kriegslandschaft — „Das braune, eintönige Plateau lag unter der jeden Tag gleich wiederkehrenden Sonne zerpulvert da ..." — Bringen Sie die Schilderung der kargen Landschaft in Zusammenhang mit dem Geschehen zu Anfang der Novelle!

„Landkarte seines Traumreiches" — Pacos Utopia (S. 36 ff.) — Wie verstehen Sie danach den Titel der Novelle? — Gehen Sie in diesem Zusammenhang auf die Gestalt des Padre Damiano ein!

„Den letzten Scheck ..., den stellen Sie auf die Liebe aus, in irgendeiner Form auf die Liebe, auf etwas, was nicht Sie sind — sondern das Sie braucht." — Beurteilen Sie nach diesem Wort des Padre Damiano (S. 47) Pacos Verhalten gegenüber dem Leutnant und gegenüber seinen Mitgefangenen!

Das Messer — Pacos Priestertum gegenüber dem Leutnant

Das letztgenannte Thema ist schon insofern am schwierigsten, als es den gesamten Handlungsablauf umfaßt. Bearbeiter können sich jedoch danach richten, wie fern oder wie nah Paco der Tötung seines Gegners und Beichtkindes ist. — Ein eindeutiges Urteil des Bearbeiters über die Entscheidung Pacos können wir nicht erwarten, es genügt nun auch die gedankliche Erfassung einer solchen Grenzsituation, verbunden mit deren dichterischer Gestaltung.

Stefan Zweig: Schachnovelle

Ausgabe: S. Fischer-Verlag, Frankfurt.

Mirko Czentovic, der „bäuerliche Champion" — Psychologische Studie zu einer einseitigen Begabung

„Das Schlimmste war das Zurückkommen nach dem Verhör in mein Nichts ..." (S. 52 ff.) — Dr. B's Peinigung im Hotel-Gefängnis der Gestapo

„... mit zwei Gehirnen vorauskombinieren, mit dem Gehirn Weiß und dem Gehirn Schwarz" (S. 69 ff.) — Verfolgen Sie, wie in dieser psychologischen Novelle der Zustand der Bewußtseinsspaltung dargestellt ist!

Dr. B's letzte Schachpartie — Wie ist der jähe Kontrast zwischen einer glänzend gewonnenen Partie und dem völligen Versagen aus seiner Gefangenschaft zu erklären? — Beachten Sie, wie der Dichter die Faszination durch das Schachspiel gestaltet hat!

Robert Musil: Die Portugiesin (13. Schj.)

Ausgabe: rororo Taschenbuch 64.

„Da stach ihn, als er heimritt, eine Fliege." (S. 41) — Zeigen Sie, wie dieses zufällige und unbedeutende Geschehnis in Musils Erzählung zur Wende im Leben des Herrn von Ketten wird

Die räudige Katze und der Herr von Ketten — Weisen Sie nach, wie dieses unglückliche Tier das Zerrbild des Herrn von Ketten darstellt

Herr von Ketten im Verhältnis zu seiner Frau und ihrem Jugendfreund
Wie befreit sich der Herr von Ketten von seiner Eifersucht, um wieder zu sich selbst zu finden?

Der Roman

Theodor Fontane: Effi Briest

Effi Briest wird Frau v. Instetten — „... und wenn du nicht nein sagst, was ich von meiner klugen Effi kaum denken kann, so stehst du mit zwanzig Jahren da, wo andere mit vierzig stehen ..." (2. Kapitel)
Geheimrat Rumschüttel — Sein Verständnis für Effi

Die Arbeit wendet sich zunächst der liebenswürdig-humoristischen Szene um Effis Schwindelei zu (2. Hälfte des 23. Kap.) und geht dann auf den sorgenden Arzt ein (32. Kap.). Da die Bearbeiter die „Buddenbrooks" kennen, wird ihnen auffallen, wie Thomas Mann durch Fontanes Charakterisierungskunst angeregt wurde.

„Er spielt nicht am Spieltisch, aber er hasardiert im Leben." — Entwerfen Sie ein Charakterbild Crampas'! (16.—18. Kap.)
Instetten fühlte sich „in seinem letzten Herzenswinkel zum Verzeihen geneigt". Warum trägt er dennoch das Duell mit Crampas aus? (27. Kap.) — Stellen Sie eine Beziehung zum Verhalten der Eltern nach Effis „Schritt vom Wege" her! (31. Kap.)

Gehen Sie dem Sinn der folgenden Worte Effis kurz vor ihrem frühen Tode nach! „Es war noch in glücklichen Tagen, da las mir Instetten abends vor; er hatte sehr gute Bücher, und in einem hieß es: Es sei wer von einer fröhlichen Tafel abberufen worden, und am anderen Tage habe der Abberufene gefragt, wie's denn nachher gewesen sei. Da habe man ihm geantwortet: ‚Ach es war noch allerlei, aber eigentlich haben Sie nichts versäumt.' Sieh, Mama, diese Worte haben sich mir eingeprägt — es hat nicht viel zu bedeuten, wenn man von der Tafel etwas früher abberufen wird."

Thomas Mann: Buddenbrooks

Herr Grünlich erscheint im Hause Buddenbrook – Eine erheiternde Szene und ihr gesellschaftskritischer Hintergrund (3. Teil, 1. Kap.)
Die ironische Situation – Erscheinung und Auftreten des Herrn Permaneder (6. Teil, 4. Kap.)

Gedacht ist an die kleinbürgerlichen Manieren, die Komik in seinen Redensarten, seine Urwüchsigkeit im Kontrast zu der vornehmen Atmosphäre des Hauses Buddenbrook. Die naturgetreue Nachzeichnung des Dialekts, wie sie Thomas Mann aus der naturalistischen Literaturströmung gewonnen hat, bietet manchen Ansatz.

Christian Buddenbrook und seine „große Qual" – Eine Charakteristik
Nach dem Tode der Konsulin (9. Teil, 2. Kap.) — Wie prägt sich „der Verfall einer Familie" in der Zwietracht aus?

Zum Vergleich kann das Zerwürfnis zwischen dem Johann Buddenbrook der ersten Generation und seinem Sohn Gotthold herangezogen werden, ein Zerwürfnis, das den Zusammenhalt der Familie noch nicht treffen konnte (1. Teil, 10. Kapitel). Das Thema gibt den Primanern Gelegenheit nachzuweisen, wie Thomas Mann menschliche Schwächen in gewählter Form, in der Sache aber um so schonungsloser enthüllt.

Das Ende des Hauses Buddenbrook — Verfolgen Sie Thomas' Weg als Chef der Firma!

Hanno und seine Lehrer — Folgen Sie der Schilderung eines Schultages in dieser Spannweite des ironischen Stils — Vergleichen Sie den Hausarzt Dr. Grabow in den Buddenbrooks mit dem Sanitätsrat Dr. Düsing aus Felix Krull! (Hausaufsatz) Vergleichen Sie Vertreter der verschiedenen Generationen in den Buddenbrooks! (Hausaufsatz) — Das Groteske in der Literatur. Hanno in der Praxis des Zahnarztes Brecht (VIII/7).

Zu interpretieren wäre z. B. der „seltsame Reiz", den der Papagei „mit giftigen kleinen Augen" auf Hanno ausübt. Aus dieser Stelle (etwa $1^1/_2$ Seiten) läßt sich die Wirkungsweise des Grotesken nachempfinden und erarbeiten. In der Vorbereitung sollten einige Beispiele aus Werken anderer Autoren und aus der bildenden Kunst dargeboten werden.
Anregungen bei O. Bantel, Grundbegriffe der Literatur (Hirschgraben), I. Braak, Poetik in Stichworten (Ferd. Hirt), im weiteren bei W. Kayser, Das Groteske in Malerei und Dichtung (Rowohlt rde 107).

Anschlußthema aus einem neueren Roman:

Curzio Malaparte: Die Haut (Fischer-Taschenbuch 1176)
Neapel nach der Invasion in Malapartes grotesker Darstellungsart

Gedacht ist vor allem an S. 21 ff.: „Der Traum aller armen Neapolitaner, besonders der Scugnizzi, der Gassenjungen, war es, sich einen «black» kaufen zu können, sei es auch nur für wenige Stunden."

Thomas Mann: Der Zauberberg

„Als Soldat und brav" — Wie hat Thomas Mann den Tod des jungen Joachim Ziemßen geschildert? (Hausaufsatz)

Das Thema ist ähnlich dem über den Tod der Konsulin Buddenbrook. Hier ist jedoch Privatlektüre vorausgesetzt, so daß mit dieser Aufgabe andere über privat gelesene Romane verbunden sein werden. Zudem stellt das Nebenher von Ironie und tiefer menschlicher Erschütterung, wie es in dem Kapitel „Als Soldat und brav" anzutreffen ist, hohe Anforderungen an den Bearbeiter.

Alfred Döblin: Berlin Alexanderplatz

Mit welchen sprachlichen Mitteln ruft Döblin die Atmosphäre der Großstadt hervor? — Gehen Sie den Eigenarten seiner Syntax und seinem Verfahren des Zusammensetzens von Eindrücken nach! (Hausaufsatz)

Die Bearbeiter haben den Roman in Privatlektüre gelesen. Die Arbeit kann sich auf ein Kapitel konzentrieren wie „Wiedersehen auf dem Alex", zu finden in: Prosaformen der deutschen Literatur im 20. Jahrhundert. Sein und Sagen 10, Hirschgraben-Verlag, Frankfurt/M. Das Nachwort bietet Anregungen für die Erschließung dieses Themas. — Zur „Entliterarisierung der Syntax" Fritz Martini:

Das Wagnis der Sprache. Stuttgart 1954, S. 343 f. — Wolfgang Kelsch: Döblins Roman „Berlin — Alexanderplatz" auf der Oberstufe. In: Der Deutschunterricht, März 1968.

Franz Kafka: Amerika

Ausgabe: Fischer-Bücherei 132.

Der Weg des Karl Roßmann durch Amerika — die einzelnen Stationen seines Aufenthalts sind in ihrem Zusammenhang zu zeigen: Haus des Onkels — Landhaus bei New York — Hotel Occidental (Hausaufsatz)

Zur Vorbereitung: Walter Jacobi, Kafkas Roman „Amerika" im Unterricht. In: Der Deutschunterricht, März 1962.

Günter Grass: Die Blechtrommel

Regionalkunst im gegenwärtigen Roman. Zu untersuchen ist an einem Kapitel, wie die Eigenarten Danzigs und seiner Region in der Beschreibung von Personen, in der Darstellung der Lebensverhältnisse dem Leser nahegebracht werden (z. B. in den Kapiteln Unterm Floß, Herbert Truczinskis Rücken). — Wie wird der Widersinn des Krieges in Einzelschicksalen konkretisiert?

Einzubeziehen ist die Erzählsituation, etwa die Vermittlung durch Oskar Matzerath in dem Kapitel „Die polnische Post" oder bei weiterer Vermittlung durch den Pfleger in dem Kapitel Wachstum im Güterwagen. Vgl. hierzu: „Literatur 1" Fiktionale und nichtfiktionale Texte, Hirschgraben-Verlag, S. 213

Siegfried Lenz: Deutschstunde

Siggi soll über „Die Freuden der Pflicht" schreiben. Dies wird ihm schwer. Gehen Sie den Erfahrungen seiner Kindheit nach, vor allem bei der Verfolgung des Malers Nansen durch seinen Vater! — Leitmotivisches in den Gewohnheiten des Polizeipostens Jens Ole Jepsen — Siggi als „interessanter Fall". Zeigen Sie an einigen Stellen des Romans, wie die Selbstgefälligkeit des Direktors und der Eifer der Psychologen glossiert werden! — Die Strafarbeit als Rahmen der Erzählung. An einem oder mehreren Beispielen wäre zu zeigen, wie die Personen aus der Sicht Siggis in das Geschehen aufgenommen werden (Eingangskapitel S. 12). — Wie sind Rahmenerzählung und Binnenhandlung miteinander verflochten, entsprechend die Zeitebenen? (Hausarbeit)

Hierzu: Dietrich Peinert, Siegfried Lenz „Deutschstunde". In: Der Deutschunterricht Heft 1, Februar 1971

Beschreibung eines Kriminalromans

Ausgewählt werden soll ein Kriminalroman eines namhaften Autors — z. B. Fleming, Stout, Gardener, Christie, Sayers, Brown, Spillane, Chesterton, Chandler, Queen, Chase, Simenon usw.

Beschreiben Sie den Aufbau, die Darstellungsform, die sprachlichen Gestaltungsmittel, die Erzählhaltung, die Personendarstellung, das Milieu, in dem der Roman spielt! — (Hausaufsatz)

Vgl. dazu: Rudolf Geppert u. Klaus Ruß „Krimis im Deutschunterricht" (Literaturperspektiven der Kollegstufe). Hirschgraben-Verlag, Frankfurt a. M. 1975

Literarische Textaufgaben

Vergleich zweier Prosatexte (13. Schj.)

Goethe: Italienische Reise

„Nachdem ich müde geworden, setzte ich mich in eine Gondel, die engen Gassen verlassend, und fuhr, mir das entgegengesetzte Schauspiel zu bereiten, den nördlichen Teil des großen Kanals durch, um die Insel der heiligen Klara, in die Lagunen, den Kanal der Giudecca herein, bis gegen den Markusplatz, und war nun auf einmal ein Mitherr des Adriatischen Meeres, wie jeder Venezianer sich fühlt, wenn er sich in seine Gondel legt. Ich gedachte dabei meines guten Vaters in Ehren, der nichts besseres wußte, als von diesen Dingen zu erzählen. Wird mir's nicht auch so gehen? Alles, was mich umgibt, ist würdig, ein großes respektables Werk versammelter Menschenkraft, ein herrliches Monument, nicht eines Gebieters, sondern eines Volks. Und wenn auch ihre Lagunen sich nach und nach ausfüllen, böse Dünste über dem Sumpfe schweben, ihr Handel geschwächt, ihre Macht gesunken ist, so wird die ganze Anlage der Republik und ihr Wesen nicht einen Augenblick dem Beobachter weniger ehrwürdig sein. Sie unterliegt der Zeit, wie alles, was ein erscheinendes Dasein hat."

Thomas Mann: Der Tod in Venedig

„Wer hätte nicht einen flüchtigen Schauder, eine geheime Scheu und Beklommenheit zu bekämpfen gehabt, wenn es zum ersten Male oder nach längerer Entwöhnung galt, eine venezianische Gondel zu besteigen? Das seltsame Fahrzeug, aus balladesken Zeiten ganz unverändert überkommen und so eigentümlich schwarz, wie sonst unter allen Dingen nur Särge es sind. — Es erinnert an lautlose und verbrecherische Abenteuer in plätschernder Nacht, es erinnert noch mehr an den Tod selbst, an Bahre und düsteres Begängnis und letzte, schweigsame Fahrt. Und hat man bemerkt, daß der Sitz einer solchen Barke, dieser sargschwarz lackierte, mattschwarz gepolsterte Armstuhl, der weicheste, üppigste, der erschlaffendste Sitz von der Welt ist? Aschenbach ward es gewahr, als er zu Füßen des Gondoliers, seinem Gepäck gegenüber, das im Schnabel reinlich beisammenlag, sich niedergelassen hatte. Die Ruderer zankten immer noch; rauh, unverständlich, mit drohenden Gebärden. Aber die besondere Stille der Wasserstadt schien ihre Stimmen sanft aufzunehmen, zu entkörpern, über die Flut zu zerstreuen. Es war warm im Hafen. Lau angerührt vom Hauch des Scirocco, auf dem nachgiebigen Element in Kissen gelehnt, schloß der Reisende die Augen im Genusse einer so ungewohnten als süßen Lässigkeit. Die Fahrt wird kurz sein, dachte er; möchte sie immer währen! In leisem Schwanken fühlte er sich dem Gedränge, dem Stimmengewirr entgleiten."

Erschließen Sie aus den Bildfügungen und der Sprachhaltung die Weltsicht der beiden Dichter!

Der Leser entdeckt beim Vergleich der beiden Reisebilder ähnliche Gestaltungsmittel, die aber in der Betrachtung ihrer Relation auf eine entgegengesetzte Blickrichtung weisen. Die Ichform, das Gondelmotiv als Medium der Weltzuwendung und Erschließung, das weitgespannte, doch zugleich überschaubare Satzgefüge, die souveräne Teilhabe an der erschlossenen Welt, der Rückblick auf das Vergangene und der Ausgriff auf die Zukunft lassen einen Augenblick in der Anschauung des Autors in dem Menschenwerk das Dauernde sehen gegenüber den Bildern der Vergänglichkeit.
Dagegen wird bei Thomas Mann das Bewußtsein des Todes im Grundmotiv der Gondel zum bestimmenden Gestaltungsprinzip. Die unpersönliche Erzählhaltung, die Gondel als Metapher der Vergänglichkeit, dazu die unheimlichen Ruderer, der erschlaffende Hauch des Scirocco, die reflektierende Aussageweise werden zur

Darstellungsform einer Erkenntnishaltung, bei der die punktuelle Zeiterfahrung („die Fahrt wird kurz sein") zum Augenblick des ewigen Todes wird.
Ähnlich kann die Erzählhaltung, die Sehweise, die Durchführung eines Motivs, die Struktur der Bilder (gegensätzliche oder polare Zuordnung), die Zeitanschauung, die Reflexions- und Anschauungsebene, die sprachlich-syntaktische Form untersucht werden, um aus der Relation der Gestaltungsmittel auf die Sicht des Autors, sein Selbst- und Weltverständnis zu schließen.
Weitere motivgleiche Prosatexte in: Thema und Stil. Sein und Sagen 7. Hirschgraben-Verlag, Frankfurt/M.
Weitere Texte finden sich in:
Jean Paul, Blumen, Frucht- und Dornenstücke;
Max Frisch, Homo Faber
in: Hans Magnus Enzensberger, Einzelheiten I (ed. suhrkamp 63), S. 181 — H. Heine, Werke. Hamburg 1956, S. 160 f. („Die Stadt Göttingen, berühmt durch ihre Würste und Universität . . .")
Zur Auswahl empfohlen W. Koeppen, Amerikafahrt — W. Koeppen, Nach Rußland und anderswohin — F. Kafka, Amerika — W. Benjamin, Städtebilder — Atlas (Verlag Klaus-Wagenbach, Berlin)

Emil Staiger: Über die neueren Romane und Bühnenstücke (13. Schj.)

„Man gehe die Gegenstände der neueren Romane und Bühnenstücke durch. Sie wimmeln von Psychopathen, von gemeingefährlichen Existenzen, von Scheußlichkeiten großen Stils und ausgeklügelten Perfidien. Sie spielen in lichtscheuen Räumen und beweisen in allem, was niederträchtig ist, blühende Einbildungskraft. Doch wenn man uns einzureden versucht, dergleichen zeuge von tiefer Empörung, Beklommenheit oder von einem doch irgendwie um das Ganze bekümmerten Ernst, so melden wir — nicht immer, aber oft — begründete Zweifel an. Wir müßten diesen Ernst in dem untergründigen Dröhnen der Sprache vernehmen. Er müßte sich uns, je tiefer die Finsternis ist, als zwar verschwiegenes, abwesendes, aber noch im Entbehren unvergängliches Licht aufdrängen. Wo aber geschieht dies? Wenn ein bekannter Dramatiker, der Auschwitz auf die Bühne bringt, in einem früh verfaßten Stück mit Marquis de Sade als Helden einen Welterfolg errungen hat, so nehmen wir an, er habe hier wie dort die ungeheure Macht des Scheußlichen auf das heutige Publikum einkalkuliert und sich natürlich nicht verrechnet. Denn wenn man anfängt, nur das Ungewöhnliche, Einzigartige, Interessante als solches zu bewundern, führt der Weg unweigerlich über das Aparte, Preziöse zum Bizarren, Grotesken und weiter zum Verbrecherischen und Kranken, zum Kranken und Verbrecherischen, das nicht als Widerspiel in unserer Einbildungskraft ein wohlgeratenes, höheres Dasein evoziert, das vielmehr um seiner eigenen Reize willen gekostet werden soll und meistens auch gekostet wird. Vermutlich ist vielen nicht wohl dabei. Sie lassen sich Dinge mundgerecht machen, mit denen sie im wirklichen Leben nicht das geringste zu tun haben möchten. Der Bürger applaudiert dem politischen Terror, die Dame der guten Gesellschaft sexuellen Exzessen, deren bloße Erwähnung sie sich in ihrem eigenen Hause verbitten würde. So spüren sie doch vielleicht so etwas wie eine ungemütliche Regung. Doch diese Regung kommt nicht auf. Sie erstickt im Respekt vor der Kunst an sich. Wenn solche Dichter behaupten, die Kloake sei ein Bild der wahren Welt, Zuhälter, Dirnen und Säufer Repräsentanten der wahren, ungeschminkten Menschheit, so frage ich: In welchen Kreisen verkehren sie? Gibt es denn heute etwa keine Würde und keinen Anstand mehr, nicht den Hochsinn eines selbstlos tätigen Mannes, einer Mutter, die Tag für Tag im stillen wirkt, das Wagnis einer großen Liebe oder die stumme Treue von Freunden? Es gibt dies alles nach wie vor. Es ist aber heute nicht stilgerecht."

Schreiben Sie aus Ihrer Kenntnis von Werken der gegenwärtigen Literatur eine Erwiderung zu den Vorwürfen des bekannten Züricher Germanisten!

Das Thema ist schwer und kann nur bearbeitet werden, wenn eine Reihe „der neueren Romane und Bühnenstücke" Gegenstand des Unterrichts war. Der vollständige Text der Rede kann der Zeitschrift „Sprache im technischen Zeitalter", Hrg. Walter Höllerer, 22/1967, entnommen werden. Aus den in dieser Dokumentation enthaltenen Erwiderungen können zur Anregung einige Sätze von Max Frisch dem Thema beigefügt werden:
„Der weithin einzige Schriftsteller, den du ohne Namensnennung hast erkennen lassen, ist Peter Weiss, nicht der Prosaist, sondern der Stückschreiber; wie immer man zu seinen Stücken steht, die hier (in Zürich) nicht gespielt worden sind: Ist Peter Weiss so ohne weiteres, daß du dir weitere Namen sparen kannst, ‚die heutige Literatur'? Nun weiß ich nicht, was du kennst, und es ging aus deiner Rede nie hervor. Hältst du beispielsweise Heinrich Böll für einen jener heutigen Schriftsteller, ‚deren Lebensberuf es ist, im Scheußlichen und Gemeinen zu wühlen'? Er ist übrigens der meistgelesene. Wie hast du's mit Wolfgang Koeppen, der während der Hitlerzeit keine Zeile geschrieben hat, um sich zu den sittlichen Grundbegriffen zu bekennen? Arno Schmidt? Alfred Andersch? Kennst du den jungen Alexander Kluge? Ich habe Nachweise, daß du mich kennst. Wie ist es mit der Garde, die auch nicht ohne weiteres ‚die heutige Literatur' ist: Grass, Walser, Johnson, Enzensberger? Da müßte man schon ein wenig untersuchen. Hast du bei Grass nur die Schweinigeleien gelesen? (...) Ist Martin Walser so unkomplex wie deine flinke Allround-Etikette? Auch bei Enzensberger habe ich manchmal Hader, aber da sind einige Gedichte, die auch du lesen könntest, ohne im Namen des Menschengeschlechts verletzt zu sein. Ist Günter Eich ein Pornograph? Ich will ja nicht alle aufzählen; dein Eintopf ist mir zu groß (...)"

Mit etwa denselben Anforderungen

Dieter Wellershoff: Fiktion und Praxis

Text: Literatur und Veränderung, dtv Sonderreihe Nr. 100, „Der Begriff (Simulationstechnik) ..." S. 18 bis „... der in der Nachahmung sofort kenntlich wird." S. 19.

Die Texte zu den folgenden zwei Themen in: ivo/thiel/weiss, texte und materialien zum literaturunterricht, diesterweg.

Kann Literatur überhaupt revolutionär sein?

Textauszüge aus H. E. Nossack: Die schwache Position der Literatur, nach einem Übergangssatz etwa den Abschnitt S. 33 oben. Dazu kontrastierend H. M. Enzensberger: Gemeinplätze, die Neueste Literatur betreffend. Nr. 6 S. 69.

Kann Dichtung Lebenshilfe sein?

Text: Heinz Stolte, Dichtung als Lebenshilfe, S. 107.

8. Die größere schriftliche Arbeit im Kurssystem der Sekundarstufe II

In letzter Zeit sind verschiedentlich Versuche mit einem neuen Typ schriftlicher Darstellung unternommen worden, der das Kurssystem zur Voraussetzung hat. Bei einem der halbjährlichen Kurse im Verlauf der Sekundarstufe II erlernen die Schüler Anlage und Ausführung einer größeren Hausarbeit im Rahmen eines speziellen Themas, das in dem jeweiligen Kurs vorbereitet wird. Legen wir in der Bandbreite eines 12. Schuljahres vier solcher Kurse zugrunde, so werden diese sich soweit voneinander unterscheiden, daß sie verschiedenen Interessengebieten der Schüler entgegenkommen und damit günstigere Voraussetzungen für die Motivation bieten. Andererseits sollten die Rahmenthemen in ihrem Schwierigkeitsgrad aufeinander abgestimmt sein, wodurch auch eine etwa gleiche Einwahl in die Kurse gesichert wird. Die Kurse können dann auch gleicherweise dem didaktischen Ziel dienen, propädeutisch in wissenschaftliche Arbeitsweisen einzuführen.

Die Rahmenthemen müßten so beschaffen sein, daß sie integrierbare Teilbereiche in genügendem Maße enthalten, überschaubar und im Gegenstand für diese Stufe faßbar. Sie sollen die Möglichkeit bieten, zuvor gelernte Stilformen — Texterschließung, Darstellung eines Sachverhalts und dessen Problematisierung wie auch die anschauliche Seite des Schreibens — bei einer größeren Aufgabe anzuwenden.

Zu Beginn des Kurses erfolgt eine Einführung in das Bibliographieren. Dies geschieht nach einem Handapparat, der in der Schülerbibliothek verfügbar sein müßte. Für die speziellen Themen wird sodann die Beschaffung von Literatur aus öffentlichen Bibliotheken unumgänglich. Der gemeinsame Besuch einer wissenschaftlichen Bibliothek gehört zur Einführung in wissenschaftliche Arbeitsweisen. Fertigkeiten im Exzerpieren und die Techniken des Zitierens werden am besten bei einer gemeinsamen Lektüre eingeübt. Hektographierte oder photokopierte Texte aus anderen Publikationen erweitern die Grundlagen für das Verständnis des Rahmenthemas wie auch für die Wahl des besonderen Arbeitsgebiets; sie bauen der Fixierung auf einen Autor oder auf eine Richtung vor.

Kritisches Lesen und das Vergleichen von Sekundärliteratur gehören zu den Lernzielen in dieser ersten Phase des vorbereitenden Unterrichts. In der zweiten Phase erfolgt die Einteilung bestimmter Teilbereiche in thematischer Bindung, für deren Bearbeitung sich drei bis fünf Schüler zusammenfinden. Die Leitfragen werden für die so entstandenen Gruppen öfters übereinstimmen. Gruppenarbeit, wie sie den Schülern aus naturwissenschaftlichen Übungen oder aus dem Kunstunterricht bekannt sein mag, ist auch hier von der Sache aus geradezu vorgegeben. Eine Einführung in gruppendynamische Prinzipien wird aber in der Regel vonnöten sein, um einem Originalitätsdenken vorzubeugen, das dem modernen Leben nicht mehr entspricht[1]. Solche Übungen

[1] P. R. Hofstätter, Gruppendynamik. Taschenbuch rde, Reinbek 1957; J. Luft, Einführung in die Gruppendynamik. Stuttgart 1971

stellen zugleich eine Vorbereitung auf das Teamwork an den Universitäten wie in der industriellen Arbeitswelt dar. In dem Vorbereitungsgang zur größeren schriftlichen Arbeit müßte sich im einzelnen herausstellen, welche Zusammenhänge arbeitssparend in der Gruppe zu bewältigen sind und was zur individuellen Stoffsammlung und zur eigenständigen Darstellung gehört. Überlassen sollte man es den einzelnen Gruppen, ob sie einen einführenden Teil gemeinsam formulieren oder dies ihren Mitgliedern bereits in Schwerpunktbildung überlassen. Das gewählte Verfahren sollte in einem Vorwort dargelegt werden, aus dem auch die persönliche Beziehung zum Thema wie eine Begründung der eingeschlagenen Wege hervorgehen.

Bei den gedrängten räumlichen Verhältnissen an den meisten Schulen wird die Sozialform der Gruppenarbeit ohne Inanspruchnahme der Nachmittagsstunden nicht auskommen. Der Lehrer als Kursleiter sucht die Gruppen nacheinander auf; er berät sie, vor allem, wenn die Arbeit aus sachlichen — oder auch aus persönlichen — Gründen ins Stocken gerät. Nach den vielfältigen Vorübungen sollte seine Hilfe, etwa bei der Beschaffung weiterer Quellen, über die Anregung nicht hinausgehen, damit die Eigeninitiative der Gruppen bewahrt bleibt.

In bestimmten Intervallen, die mit dem Fortgang der Arbeit zusammenhängen, werden im Plenum des Kurses Ergebnisse ausgetauscht. Kontaktgespräche über den methodischen und sachlichen Stand in den Gruppen fördern die Effektivität des ganzen Kurses. Das Referat hat die Funktion, den anderen Gruppen in konzentrierter Form mitzuteilen, was für deren Arbeit förderlich sein könnte.

Für Klassenarbeiten aus anderen Bereichen des Deutschunterrichts bietet dieses Halbjahr keinen Raum, wohl aber für eine Klausur, die sich etwa aus der gemeinsamen Lektüre zu Beginn des Kurses ergibt, also für eine Texterschließung mit kritischer Stellungnahme. Gegen Ende der Vorbereitungsphasen reichen die Schüler als weitere Unterlage einen Arbeitsbericht von rechtzeitig vereinbartem Umfang ein, der über den Umgang mit Quellen und Sekundärliteratur, über Erfolg und Mißerfolg der eingeschlagenen Wege, über die Erfahrungen mit Gruppenarbeit in individueller Sicht Aufschluß gibt.

In abschließenden Vereinbarungen sind die Themen für die einzelnen Arbeiten präzisiert, deren Richtung möglichst frühzeitig gewählt werden sollte. Erfahrungsgemäß wird aus dem sich entwickelnden Interesse oder aus der jeweiligen Ergiebigkeit von Literatur und Quellen zuweilen eine speziellere Fassung oder eine Akzentverlagerung vonnöten sein. Sodann erfolgen Niederschrift und Reinschrift. Die Niederschrift geschieht teilweise in den Unterrichtsstunden, weil sich damit noch einmal die Möglichkeit zum Nachfragen und zu Hilfen durch den Lehrer ergibt, welche aber einen gleichen Originalitätsgrad nicht anrühren sollen.

Kurslektüren: Vance Packard, Die geheimen Verführer, der Griff nach dem Unbewußten in jedermann, Ullstein-Taschenbuch 402. Hermann K. Ehmer, Zur Metasprache der Werbung und Von Mondrian bis Persil, Zur Ideologie des Reinen in Kunst und Werbung. (In: Visuelle Kommunikation, Du-Mont Aktuell, Köln 1971.)

Einführende Referate: Reklame als notwendiger Bestandteil jeder Wettbewerbswirtschaft (Information aus der Literatur, bei Gelegenheit aus einer Fachschule). — Propädeutisch vertiefend zu Vance Packard die Anstöße in den Vorlesungen von Sigmund Freud.

Literatur u. a.: Kritik 4, Manipulation der Meinungsbildung, Opladen; E. Dichter, Strategie im Reich der Wünsche, Düsseldorf; W. Bongard, Männer machen Märkte, Ullstein 567; W. F. Haug, Warenästhetik und Angst, in: Das Argument 28, 1964, Heft 1; H. Hielscher, Jugend und Werbung, Essen 1971; L. Krauß und H. Rühl, Werbung in Wirtschaft und Politik — Modelle für den politischen und sozialwissenschaftlichen Unterricht, Frankfurt 1971; S. Freud, Studienausgabe, Frankfurt.

Arbeitsgruppen

Die Manipulation von Kindern in der Werbung

Die Arbeitsgruppe verwendet eine Analyse der — inzwischen eingestellten — Wochenzeitung „Publik" (Ausgabe vom 28. Mai 1971). Daraus eine Information zum Umfang dieses Konsumentenkreises:
„Von den 61 Millionen Verbrauchern in Deutschland sind etwa 14 Millionen noch keine 16 Jahre alt. Diese Gruppe schlägt sich in einem Geldwert von 21 Milliarden DM pro Jahr nieder. Was liegt da näher, als daß Werbung sich dieses Marktes der kleinen Leute bemächtigt und ihn in zunehmendem Maße anheizt? Nachdem man zudem bemerkt hat, daß Busen und Po zwar manche Voyeur-Gelüste befriedigen, aber kaum eine müde Mark mehr lockermachen können, ist man darauf gekommen, daß Kinder weit bessere ‚Verkaufsaufhänger' sind und eine Zielgruppe darstellen, aus der noch viel herauszuholen ist. Kinder und Jugendliche stellen eine große direkte und indirekte Nachfragemacht dar. Wenn man bedenkt, wie leicht Erzeugung von Nachfrage bei ihnen zu bewerkstelligen ist, wird die Bemühung um die ‚Kleinen' (und deren Eltern) noch verständlicher . . ."
Es folgt die Erschließung zweier Texte aus „Publik", die hier nur im Auszug wiedergegeben werden können. Gegebenenfalls wird eine andere ähnlich fundierte Publikation verwendet werden müssen.

1. Michael Fritzen: „Dein kleiner Hunger kann nicht warten . . ."

„. . . Kinder, die noch kaum die Fähigkeit ausgebildet haben, Werbung als Beeinflussungsversuch zu durchschauen, und sich deshalb noch nicht im Spielraum der — wenn auch kleinen — Willensfreiheit befinden, werden zu Kaufhandlungen veranlaßt (oder sie veranlassen ihre Eltern dazu), die nur der primären triebbedingten Wunscherfüllung dienen. Das Element der Freiheit, das in der Möglichkeit zur Frage liegen würde: Entspricht mein Wunsch einem Bedarf?, wird von vornherein ausgeklammert, um den schnellen Verkaufserfolg sicherzustellen. Gerade damit aber wird eine verhängnisvolle Erziehungstaktik begünstigt, die allein auf bequeme Anpassung aus ist, statt auf den kritischen Erwachsenen — und das heißt auch den kritischen Konsumenten — hin angelegt zu sein. Wenn das Kind schon im frühesten Alter von — wie die Psychoanalyse es ausdrückt — Primärprozessen, die sofortige Triebbefriedigung verlangen, zu Triebaufschub angeleitet werden muß, um in der Gruppe wenigstens existieren zu können, so muß sich dieser Prozeß in der Folgezeit immer differenzierter gestalten.

Zu fordern ist eine elastische Anpassung, die unter dem andauernden Ziel der Spannung von Ich-Ausbildung und Sozialisierung steht. So kann weder hemmungsloser Konsum noch puritanischer Konsumverzicht eine Lösung bieten. Zwischen Werbung und Kaufakt muß schon beim Kind eine Instanz angelegt werden, die die direkte Beeinflussungsversuche wie durch ein Prisma bricht: das Spektrum eines aufgefächerten Ichs. Hier liegt der Hauptansatz einer Kritik. Werbung, solange sie nicht reine Informationstechnik ist, arbeitet schon im Prinzip unter Umgehung des Ichs, der kritischen Instanz. Beim Erwachsenen mag das hingehen, da er zumindest die Möglichkeit hat, diesen Vorgang zu durchschauen. Das Kind aber erlebt Werbung als Aussage, die nicht hinterfragt werden muß: als Autorität. Diese Autorität wird zumeist kaschiert vorgetragen, zum Beispiel im Spiel, das Identifikationsmöglichkeiten bietet: Die Kleine kommt — so ein Fernsehspot — jauchzend aus der Praxis des Zahnarztes gelaufen: ‚Mutti, Mutti, er hat überhaupt nicht gebohrt', während ein anderes Kind weinerlich danebensteht. Hier werden über die kindliche Erlebniswelt Markenbilder geprägt. Die Angst vor dem Schmerz wird aktiviert, der unausgesprochene Triumph gegenüber den nicht Colgate benutzenden Kindern (z. B.), der Stolz, eine so gute Mutti zu haben, die Unheil von einem abwehren kann — all das sind Momente, die ein Kind fixieren können. Es verlangt schließlich nach diesem und jenem Produkt, es weint, quengelt, zetert, wenn Mutti mal Blend-a-med oder Signal zu kaufen wagt. Und es gibt wenig Mütter, die sich den Wünschen verschließen, da sie oft genug erlebt haben, daß Kinder kleine Ungeheuer sein können."
(Aus: Michael Fritzen, Dein kleiner Hunger kann nicht warten — Das Kind in der Werbung)

2. F. M. Coblenzer: „Wenn man einen Werbefachmann fragt ..."

„Einen ‚Werkstattbericht' soll ich geben: Wie sieht das Problem ‚Kind in der Werbung' für den aus, der sich beruflich damit beschäftigen muß?
Ehrlich gesagt: ich will diesen Werkstattbericht nicht gerne liefern. Es fällt mir überhaupt schwer, mich zu diesem Thema zu äußern, denn unversehens gerate ich in eine Art Gewissenserforschung. Der Gedanke liegt nahe: Unschuldige Kinder werden ‚benutzt', um an die Geldbörse der Mutter zu gelangen. Perfide.
Ich kenne auch keine Publikation, die sich ausführlich mit dem Phänomen ‚Kind in der Werbung' befaßt hätte. Dabei sind wir doch alle davon betroffen: wir ‚Macher' und die ‚Konsumenten'. Aus allen Journalen lächeln uns die strahlenden Babys entgegen, liebevoll herausgeputzt und strotzend vor Lebensglück, Sauberkeit und Unschuld. Ob nackt oder im neuesten Babylook sind sie die zärtlichen Symbole glücklicher Mütter.
Die Frage nach dem Kind in der Werbung ist daher gleichzeitig auch eine Frage nach der Frau — genauer gesagt: den Müttern in der Werbung. Über das Kind wollen und müssen wir ja die Mutter, die Verwalterin des Haushaltsgeldes, erreichen. 80 Prozent der privaten Verbrauchsausgaben gehen durch die Hände der Frau. Sie ist eine wirtschaftliche Macht, und sie beherrscht eine Reihe wichtiger Märkte. Der amerikanische Soziologe Dr. Candrey nennt sie ‚Motor des Geldausgebens' und sagt: ‚Wenn sie das nicht wäre, würden 35 Prozent weniger ausgegeben.'
Diesen ‚Geldausgeber' erreiche ich in den meisten Fällen nach den Regeln des Billardspiels: Ich stoße mit der Queue (Werbemittel) die Kugel (Thema Kind) an, damit sie nach dem Reflexionsgesetz die Zielkugel (Mutter) trifft. Das ist eine häufig praktizierte Methode. Wenn ich die Zielgruppe ‚Mütter' ansprechen will, muß ich den richtigen Ton finden, der Beachtung und damit Zustimmung findet. ..."
Bei der Textanalyse und im arbeitsunterrichtlichen Gespräch gelangen die fünf Mitglieder dieser Gruppe zu Einzelthemen, die sich an bestimmten Waren orientieren. Zu beachten ist jeweils das direkte Angebot und die Vermittlungsabsicht gegenüber den Eltern.

Die farbigen Inserate in Illustrierten und anderen Zeitschriften

Gemeinsame Vorbereitung entsprechend. In den einzelnen Arbeiten entwickelt der Verfasser seine Aussageabsicht. Er beschäftigt sich — wie die Teilnehmer der anderen Arbeitsgruppen — mit den Adressaten dieser Werbung. Dazu gehört eine soziologische Analyse des Leserpublikums anhand von Verlagsmitteilungen, vornehmlich aber nach den bevorzugten Inhalten der Zeitschrift. Der Hauptteil besteht in der Analyse eines ganzseitigen Inserats, wobei visuelle und verbale Elemente zu verbinden sind. Die Funktion des Ratgebens verteilt sich dementsprechend auf den Deutschlehrer und den Kunsterzieher.

Der Schüler soll den Informationen und den Materialien fragend gegenüberstehen. Dazu dienen die folgenden eigenständigen Leitfragen aus einer Arbeit (es handelt sich um eine Motorradreklame):

Was fällt bei dem farbigen Inserat sofort auf?
Was wird bildlich dargeboten?
Wie oft, wo und in welcher Form kommt der Name des Produkts vor?
Welche Informationen bietet das Bild, der Text?
Wie ist der Text beschaffen (Syntax, Wortwahl, Wort- und Satzfiguren)?
Zur metasprachlichen Beeinflussung:
Welche Gefühle werden erregt?
Mit welchen stilistischen Mitteln wird die buchstäbliche Mitteilung in die Metasprache übertragen?
Welches Image wird dem Produkt gegeben?
Welches sind die Handlungsauslöser („Drücker")?
Was prägt sich besonders in die Erinnerung ein?
Wie ist das Leitbild (der überlegene Motorradfahrer) beschaffen?
Welche Triebe werden angesprochen und in welchen Assoziationen?
Zusammenfassend: Wie wird hier ein bestimmtes Jugendpublikum angesprochen?

Beispiel einer Gliederung (Reklame für ein alkoholisches Produkt):

Einführung zum Thema
Analyse des Leserpublikums der von mir behandelten Zeitschrift
Analyse einer ... Reklame: Beschreibung des Inserats, Metasprache und Symbolik dieser Anzeige

Derselbe Arbeitsgang bei Erzeugnissen der „Regenbogenpresse".

Die Werbesendungen im Fernsehen

In der gemeinsamen Bearbeitung des Gruppenthemas werden die Besonderheiten dieses Mediums untersucht: Die Wirkung von Bildabläufen im Unterschied zu den statischen Bildern und Texten der Anzeigenwerbung. Für die individuelle Bearbeitung erfolgt eine Aufteilung nach Warengruppen: alkoholische Getränke, Erfrischungsgetränke, Zigaretten, Schönheitsmittel, Waschmittel usw. Nach genauer Beschreibung der verbalen und visuellen Elemente wird die Diskrepanz zwischen Information (= sachlich begründete Erwartungen) und Suggestion (= angepriesene Eigenschaften) nachgewiesen. Ein Bearbeiter beschäftigt sich mit der Rundfunkwerbung nach Tonbandaufzeichnungen; seine Arbeit konzentriert sich dementsprechend auf die Sprache der Werbung.

Weitere Rahmenthemen für die größere schriftliche Arbeit:

Fiktive Massenliteratur

Die Macht der Massenliteratur — Der Roman des Abenteuers und des Kampfes (Western, Landser, Science fiction) — Der Detektivroman — Comics — Schlagertexte — „Gehobene Unterhaltung" nach Bestsellerlisten (einführendes Referat durch einen Buchhändler)

Freizeit und Freizeitgestaltung

Eine vergleichende Befragung unter Schülern und jungen Berufstätigen — Konsumverhalten und Konsumsteuerung — Freizeitstätten für die Jugend (Diskotheken usw.) — Sport — Reisen, Tourismus — Fernsehen und Freizeit — Freizeit und Kriminalität

Fernsehen

Fernsehserien verschiedener Thematik und Qualität — Kindersendungen im Fernsehen (Erziehungsgrundsätze u. a.) — Politische Information im Fernsehen (einführendes Referat: Machtverteilung und Aufsichtsverfahren, zum Vergleich: Die Organisation des französischen, des amerikanischen Fernsehens) — Vergleichende Untersuchung an Trivialliteratur und Fernsehsendungen

Trivialliteratur

Wunschwelt und Sprache der Trivialliteratur, nach Texten aus einer Frauenromanserie — Unterscheidung von Kunst und Kitsch (u. a. nach Texten aus: Hermann Broch, Die Schlafwandler, Motivgleiche Prosa, Schöningh, S. 89; Richard Voss, Zwei Menschen, in: Walther Killy Deutscher Kitsch Vandenhoeck, S. 38) — Stereotype von Helden und Widersachern in Perry-Rhodan-Heften — Weltraumimperialismus in Science-Fiction-Serien.

Methodische Hilfen zur Untersuchung unterhaltender Literatur

a) *Inhaltliche Fragen zum Text*

1. Welche Personen werden dargestellt?
   Aussehen, physische Merkmale, Tätigkeit, Beruf, Status, Redeweise, Verhaltensweise, charakterliche Merkmale? Wodurch sympathisch?
2. In welcher Beziehung stehen sie zueinander?
   Spieler — Gegenspieler? Emotional bzw. sozial verbunden? Unterworfen, emanzipiert? In welchem Bereich?
3. Welches Rollenverhalten wird sichtbar?
   Berufs-, Geschlechtsrollen, Generationen, Typen, „gemischte Charaktere"?
4. Welche Räume spielen mit?
   Große Dimensionen, enger Lebensbereich, Stadt, Natur, Kontrasträume zur Alltagswelt?
5. Welche Zeit wird dargestellt?
   Gegenwart, Geschichte? Wie sieht die Zukunft aus?

6. Welches Gesellschaftsbild wird vermittelt?
   Wer herrscht, gehorcht, arbeitet? Entfremdete Arbeit? Autoritäre Strukturen? Milieu? Werden gesellschaftliche Zustände akzeptiert? Rechtfertigung von Gewalt? Welche ökonomische Basis des Zusammenlebens? Agrar-, Industriegesellschaft? Ist die Gesellschaftsordnung stabil, labil?
7. Welche Wertvorstellungen werden sichtbar?
   Was gilt als gut, schlecht? Richtiges, falsches Verhalten? Welche Einstellungen werden nahegelegt? Idole, Identifikationsobjekte? Ordnungsvorstellungen?
8. Wo liegen die Gründe, daß Menschen sich finden, trennen, verlieren, wiederfinden, schwach, stark werden?
9. Wie erfolgt Kommunikation? — Blicke, Sprache, Gebärden?
10. Wie entstehen Konflikte?
    Wie werden sie ausgetragen? Verbal, durch Aktion? Wer hilft lösen? Zufall, besonderes Wesen? Wodurch und wie wird Fehlverhalten sanktioniert?

b) *Fragen zur Beziehung von Inhalt und Form*

1. Wie wird die Handlung strukturiert?
   Haupt-, Nebenhandlung? Spannungserzeugung, Spannungsverlauf? Handlungsführung? Sprunghaft, Schnitt-Technik, Höhepunkte, Auflösung? Rolle des Schicksals bzw. Zufalls? Motive? Vorausdeutungen? Handlungsschluß? Tragik, happy end?
2. Auf welcher Seite steht der Autor?
   Woran wird er sichtbar? Engagiert er sich?
3. Wie wird Sprache verwendet?
   Sprache des Erzählers, der handelnden Personen? Wortwahl, Satzbau, emotionale Elemente, Bilder, Vergleiche, Symbole, Klischees?
4. Welche Funktion haben die Wahl des Titels und des Autorenpseudonyms?

c) *Fragen, die über den Text hinausführen*

1. Welche Produktionsbedingungen bestehen?
   Herstellungsweise, Einzel-, Kollektivarbeit, anonym, unter eigenem Namen? Periodizität? Preis? Großverlag?
2. Wie wird vermittelt?
   Aufmachung, Werbung, Vertriebsapparat, Verkaufsstellen? Worin besteht die Vermittlung des Mediums? Unterstützende, verstärkende, tragende Funktion? Wieweit wirken Gesetze des Mediums prägend? Gibt es ein mediengemäßes Verhalten des Rezipienten? Wie wirkt sich das aus? Wer kann Einfluß nehmen auf das Medium?
3. Wie wird rezipiert?
   Zielgruppe: Alter, Geschlecht, Status? Erwartungen, Bedürfnisse? Womit kann er/sie sich identifizieren? Kann er/sie mehrere Rollen einnehmen? Was wird rational angesprochen? Kritik-, Kombinations-, Abstraktionsfähigkeit? Mitspiel? Was wird emotional angesprochen? Sympathie, Antipathie? Wo kann man sich affektiv-emotional binden? Welche Wunsch- und Zielvorstellungen werden aktiviert? Welche Art von Spannung und Entspannung wird geboten?

Aufregung durch Mit-Leiden, und Erlösung durch Mit-Freuen? Befreiung durch Witz, Komik? Geistige Anstrengung, die belohnt wird?
Was soll der Rezipient für wahr halten? Was macht ihm seine eigene Situation sichtbar? Ist eine Verhaltensänderung im Sinne der Humanisierung der Gesellschaft möglich oder nicht? Welche kognitiven, emotionalen und Verhaltenseinstellungen werden vermittelt?

9. Gedichtanalyse als schriftliche Arbeit

Dem Schüler von heute scheinen sich andere Probleme drängender zu stellen als die Untersuchung von Gedichten. Literarische Fragen des Tages, gedankliche Texte mannigfacher Art geben ihm eher Antwort auf die Fragen der Zeit. Zudem verlangt das Gedicht eine angestrengte Bemühung, die differenzierten Gestaltungsmittel zu erfassen und sie in ihrer Beziehung zu sehen. Das Gedicht stellt die subjektive Antwort des Autors dar, in der nur mittelbar die Fragen der Zeit und der Gesellschaft sich widerspiegeln. Es bereitet dem Schüler heute Mühe, sich mit den verschiedenen Sprachelementen auseinanderzusetzen; denn erst in der Analyse aller lyrischen Mittel, des Rhythmus, der Metaphern, der Klanggestalt, der rhetorischen Figuren, des Strophenbaus unter Berücksichtigung ihrer wechselseitigen Bezogenheit kann das feine Gewebe des Gedichtes erfaßt und verstanden werden. Der Schüler will unmittelbare Antworten auf die Fragen seiner Zeit. So scheint er den Umweg über die Anstrengung, das Gedicht zu erfassen, zu scheuen, wenn er auch vermutet, daß der lyrische Text nicht um seiner selbst willen verfaßt, sondern Antwort auf die Fragen der Zeit sucht. Doch würden wir uns eine Möglichkeit vergeben, wenn wir als Lehrer es nicht versuchten, den Schüler ästhetisch zu sensibilisieren und seine kreativen Fähigkeiten zu wecken. Wenn der Schüler sich dem Gedicht zuwendet, wird er entdecken, daß hier eine mittelbare Antwort nicht nur auf Fragen der Zeit und der Gesellschaft, sondern auch auf Fragen der Menschheitsgeschichte gegeben wird. Er erkennt, daß der Dichter nicht im luftleeren Raume lebt, sondern in feinfühliger Weise mit der Wirklichkeit verbunden ist. Ein Gedicht ist nicht nur Ausdruck individueller Stimmungen und Erfahrungen; vielmehr werden diese überhaupt erst künstlerisch, wenn sie durch die spezifische ästhetische Formung am Allgemeinen teilhaben. Das Gedicht nimmt ein Unerfaßtes geistig vorweg, das noch nicht als Erscheinung aufgetreten ist. Gerade das andere, das Menschliche fesselt an dem Gedicht. In dieser Weise erhebt sich das lyrische Gebilde ins Allgemeine, und diese Allgemeinheit des lyrischen Gehaltes ist historisch-gesellschaftlich vermittelt.

Die Auswahl der Gedichte wird nicht ohne Zusammenhang mit der geschichtlichen Epoche erfolgen, in der der Autor verhaftet ist und aus der er die Antwort auf die Fragen seiner Zeit mit seinen lyrischen Sprachelementen gibt. Natürlich kann sich der Dichter in verschiedener Weise zur Gesellschaft verhalten. Er kann sich von seiner Zeit und der Gesellschaft absetzen, obwohl er zu ihr gehört, ohne sich ihr allerdings ganz entziehen zu können. Er scheint sich nur auf das ihm zur Verfügung stehende Wort zu beziehen, das ihn aus den Widrigkeiten der Zeit befreit. Zu diesen l'art pour l'art-Dichtern gehört Gottfried Benn. Er ist in der Epoche des Expressionismus groß geworden, hat hier seine Bedeutung gefunden, zeigt aber seine Zeitverhaftetheit dadurch, daß er sich dem Nationalsozialismus zuwendet; nach kurzem Weg erkennt er seinen Irrtum und findet in den statischen Gedichten das transzendierende Moment der Sprache, das ihn über die Widrigkeiten der Zeitläufte hinweghebt. So zeugen seine politischen Äußerungen, soweit er sich dazu herabließ, von tiefer

Verachtung. Hierin ist er mit den romantischen Dichtern, noch mehr mit den französischen Symbolisten zu vergleichen, die sich auf das Wort als divinatorische Kraft verließen.

Eine andere Art des Dichters zeigt sich im satirischen Autor, der sich unmittelbar mit den Gegebenheiten der Gesellschaft auseinandersetzt. Er möchte mit Hilfe seiner Kunst die gesellschaftlichen Verhältnisse ändern, muß dann aber ohnmächtig erkennen, daß er mit seinem Wort nichts auszurichten vermag. Zu dieser Gruppe gehören Heine, Tucholsky, Kästner, Enzensberger und insbesondere die Poeten der Aufklärung. Der Klassiker des politisch-gesellschaftlichen Gedichtes ist Bert Brecht. Er hat in bitterer Ironie und in neuen Formen sich mit seiner Zeit auseinandergesetzt, mit dem Bestreben, sie zu ändern. Sein individuelles Dichtertum hat er auch als Kommunist nicht aufgegeben, wie es die späteren Lebensjahre in Ostberlin beweisen. Das Grundthema seiner Lyrik waren die Armen und Unterdrückten, denen er in seinen Songs und Gleichnissen seine Stimme lieh. Auch die großen Zeitgedichte aus dem Exil verweisen darauf, daß er die Gesellschaft im ganzen zu ändern suchte.

Benn und Brecht sind die beiden Antipoden der Neuzeit, die in verschiedener Weise zur Zeit Stellung nehmen. Brecht setzte sich als Emigrant mit der nationalsozialistischen Zeit auseinander; Benn verschaffte sich in der deutschen Wehrmacht einen Ort der inneren Emigration, um sich hier seiner Kunst zu widmen und sich von der Zeit abzuheben, in dem Glauben ihr zu entfliehen. Benn und Brecht machen deutlich, daß sie mit der Geschichte und der Wirklichkeit im Zusammenhang stehen. Sie können nicht im luftleeren Raum schweben. Man muß den Spannungszustand sehen, aus dem der Dichter zu seiner Zeit steht. Dieser Zustand kann nicht aufgehoben werden; jede Antwort ist für sich allein als gültig anzunehmen und berechtigt, ernst genommen zu werden. Nur bei dem Fluchtgedicht entsteht der Eindruck, daß der Autor die Verhältnisse nicht unmittelbar ändern will, sondern sich durch das dichterische Wort über sie erhebt. So bleibt auch er der Zeit verhaftet. Das eigentliche Politikum des Gedichtes besteht nun darin, daß der Dichter einerseits von den Herrschenden dienstbar gemacht wird, daß andererseits die Herrscher dem von den Dichtern ausgesprochenen Nachruhm auf die jeweilige Gegenwart zurückwirken lassen, das heißt, jene noch zu Lebzeiten für eigene politische Zwecke ausnutzen. Diese Einsicht darf jedoch nicht zu der Annahme verführen, das Verhältnis von Dichter und Herrscher als eines von Ohnmacht und Macht zu verstehen. Dichter und Herrscher vermögen sich Kraft der Dialektik von Herrschaft und Knechtschaft zu behaupten oder zu verweigern.

Das einzelne Gedicht steht andererseits im Entwicklungsprozeß des lyrischen Schaffens. Es ist daher angebracht, Gedichte desselben Autors aus verschiedenen Schaffenszeiten zu vergleichen und ihre Wandlung deutlich zu machen, aber auch den unverkennbaren Grundton, der in jeder Entwicklungsphase herauszuhören ist, zu vernehmen. Denn so sehr der Dichter mit seiner geschichtlichen Epoche verbunden ist, steht er doch in Spannung zu ihr und gibt seine subjektive Antwort auf die Fragen der Zeit. Gerade beim neuzeitlichen Gedicht treten die Unterschiede zwischen den traditionellen Antworten und den progressiven scharf hervor. Hier wird die jeweilige Individualität in der Formung faßbar, andererseits fällt bei solchen Vergleichen die Vielschichtigkeit unserer Epoche in die Augen.

Vorschläge für die Formulierung von Gedichtanalysen:

Friedrich Nietzsche: Vereinsamt

Wie spricht das lyrische Ich zu sich selbst in seiner Einsamkeit? — Welche jahreszeitlichen Bilder und Vorgänge verwendet der Dichter? — Vergleiche die erste und letzte Strophe! — Beachte die harten Klänge, den Endreim, den Rhythmus! — Welche Funktion haben die Satzzeichen? — Untersuche die Verwendung der Adjektive (Adjektiv-Adverbien) und die neuen Wortschöpfungen! — Was besagt der Titel „Vereinsamt" in der wilhelminischen Zeit, in der Nietzsche lebte? — Heimat und Heimatlosigkeit, die Antithese Nietzsches

Georg Trakl: Im Winter

Ist eine Ordnung im Bildgefüge ablesbar? — Beachte das Verhältnis von Satz und Vers! Nach welchem Schema sind die Sätze gebaut? — In welcher Beziehung stehen Versmaß und Rhythmus zu den Bild- und Farbwerten? — Untersuche Bedeutung und Stellenwert der Adjektive und Adjektiv-Adverbien! — Welche Formen haben die Bewegungsverben? — Beachte die Verwendung des unbestimmten Artikels, des Bindeworts „und" und das Fehlen des Prädikats in der letzten Zeile! — Zeige aus der Beziehung der Formelemente die bedrohliche Zeit kurz vor dem ersten Weltkrieg auf!

Friedrich Hölderlin: Heidelberg

(Fragen zur Form wie bisher)

Zeige, wie die historische Burg ins Mythische gehoben wird! — Die antithetische Struktur des Gedichtes „Heidelberg"

Hugo von Hofmannsthal: Manche freilich müssen drunten sterben

(Fragen zur Form wie bisher)

Wie der Dichter die sozialen Gegensätze im Gesang vergegenwärtigt. — Die Formung des Gedichtes als Ausdruck österreichischen Erbes

Clemens Brentano: Wiegenlied

(Fragen zur Form wie bisher)

Brentanos Klanggebilde als Ausdruck romantischer Poesie — Zeige, wie Brentanos Gedicht in sich selbst ruht und sich von der gesellschaftlichen Wirklichkeit löst!

Georg Trakl: Grodek

(Fragen zur Form wie bisher)

Die Negierung der schönen Bildwelt durch die Schrecken des Krieges — Das Gedicht „Grodek" als letzte Aussage vor der Wirklichkeit des Untergangs

Andreas Gryphius: Abend
Das Sonett als Darstellung barocken Lebensgefühls — Das duale Weltverständnis des Dichters

Georg Heym: Der Abend
Des Dichters mythische Weltangst im Aufgang des ersten Weltkrieges — Die Personifizierung der mythischen Mächte

Bert Brecht: Das Lied vom Wasserrad
Die ironische Betrachtung der Herren — Die satirische Zuspitzung am Ende des Gedichtes — Das Spiel des Wasserrades in den drei verschiedenen Refrains — Brechts Mitleid mit den Armen und die Verspottung der Herren

Gottfried Benn: Ein Wort
Das Gedicht als Ausdruck reinen Artistentums — Die Sprache als Mittel der Selbstdarstellung — Das Wort als transzendierende Kraft, die Widrigkeiten der Zeit zu überwinden.

Erich Kästner: Sachliche Romanze
Gestörte Kommunikation als Ausdruck der Entfremdung in der Handlung und in der Bildsprache

10. Die Bildbetrachtung

Wie uns die moderne Wissenschaft von der Dichtung gelehrt hat, im Gedicht auch die Satzgestalten, rhythmischen Ordnungen usw. als Aussagemomente zu werten, so muß auch die Behandlung des Bildes im Deutschunterricht über die bloße inhaltlich-gegenständliche Beschreibung hinauskommen und den Aussagewert der Bildgestik sprachlich zu bewältigen lernen.

Da für die Bildbetrachtung geeignete Vorlagen nur schwer oder in unzureichender Qualität zu beschaffen sind, erscheint zu dem vorliegenden Heft eine Bildmappe mit zwanzig Reproduktionen, von denen zehn farbig (F) sind[1]. Sie enthält:

1. Manessische Handschrift, König Konrad auf der Falkenjagd (F)
2. Gerhard Marcks, Nächtliche Fahrt
3. Konrad Witz, Der hl. Christophorus (F)
4. Meister des Calvarienbergs, St. Georg kämpft mit dem Drachen
5. Hieronymus Bosch, Das Narrenschiff (F)
6. Pieter Brueghel, Das Gleichnis von den Blinden
7. Lucas Cranach, Auf der Hirschjagd (F)
8. Alfred Kubin, Der Keiler
9. Vermeer van Delft, Der Maler in seinem Atelier (F)
10. Pablo Picasso, Der Maler und sein Modell
11. Hokusai, Die Woge (F)
12. Alfred Kubin, Wasserhose
13. Umberto Boccioni, Die Straße dringt in das Haus (F)
14. Frans Masereel, Auf der Baustelle
15. Lionel Feininger, Radrennen (F)
16. Foto, Radrennen in der Wiener Stadthalle
17. Marc Chagall, Der Geiger (F)
18. Theodor Matham, Der Violinspieler
19. Fernand Léger, Die Bauarbeiten (F)
20. Hans Brüggemann, Der Rutenbinder

Es sind solche Bilder ausgewählt worden, die die Gestaltbetrachtung, wie sie unten skizziert wird, besonders nahelegen.

Wir lassen hier die Form der Bildbeschreibung außer acht, wie sie in der Facharbeit des Kunstunterrichts verlangt wird (vgl. Schmitt/Martens, Deutsches Sprachbuch, Band 7/9, Kp. IV 2b, S. 132 ff.). Diese steht neben der naturwissenschaftlichen oder gemeinschaftskundlichen Facharbeit und setzt wie diese eine durch Wissenschaft vermittelte Erfassung des Bildes voraus. Sie hat zum Ziel eine Darstellung von Bildinhalt und Bildform nach den Erkenntnissen und in der Sprache der Kunstwissenschaft und Kunstgeschichte. Dieser Form der Bildbeschreibung ist der Deutschunterricht insofern verpflichtet, als er in der sprachlichen Bildung, die er zu leisten hat, mittelbar allen

[1] „Die Bildbetrachtung". 10 Tafeln mit 20 Abbildungen. Format 16 x 23 cm. DM 3,80 (Bestellnr. 331). Hirschgraben-Verlag, Frankfurt a. M.

Fächern verpflichtet ist. Diese (kunstwissenschaftliche) Form der Bildbeschreibung kann deshalb hier nicht beachtet werden, weil dem Deutschlehrer (sofern er nicht zufällig Kunsterzieher ist) zur sachlichen Beurteilung die Kompetenz fehlt.

Didaktische Gesichtspunkte

Die Bildbeschreibung, die legitimerweise im Deutschunterricht gepflegt wird, ist anderer Art, sie ist eine Übung zur sprachlichen Grundbildung. Ihre didaktische Funktion im Zusammenhang des Deutschunterrichts läßt sich so beschreiben:

Im Bild tritt dem Betrachter ‚gestaltete Wirklichkeit' gegenüber; es bildet eine Realität sui generis, die sich von der einfach vorgefundenen Wirklichkeit dadurch unterscheidet, daß sie durch die Intention des Künstlers vermittelt ist. Deshalb sollten die Bildinhalte nicht Anlaß zu einem „Stimmungsbild" sein, denn nur wer die ‚Stimmung' (die Intention) des Künstlers trifft, wird dem Bild gerecht — nicht wer als Bildbeschreibung die Wiedergabe dessen ausgibt, was das Bild an ‚Stimmung' in ihm auslöst. Die Bildinhalte können aber auch nicht zum Anlaß für eine Sach- und Vorgangsbeschreibung genommen werden, weil sie auf dem Bilde weder entsprechend einem ‚Naturzweck' noch entsprechend einem (menschlichen) außerkünstlerischen Verwendungszweck dargestellt sind. Gerüst, Maschinen und Gerät auf Fernand Légers „Die Bauarbeiter" (19) sind in Farbe, Form und Verteilung auf der Bildfläche solchen Zwecken enthoben und nach der Darstellungsabsicht des Künstlers gestaltet, ebenso wie die kreisförmigen Wellen des Wassers auf dem Christophorus-Bild von Konrad Witz (3), um nur zwei Beispiele zu nennen.

Die Bildwirklichkeit wird aber nicht nur durch die individuelle Intention des Künstlers als eine Realität sui generis konstituiert, sondern es gehen in sie — vermittelt durch den Künstler — auch Momente der geschichtlich-gesellschaftlichen Situation der Zeit ihrer Gestaltung konstituierend ein. Die Darstellungsabsicht *Hokusais (11)* kann aus seinem Bilde nicht abgelesen, die Gestaltung nur unzureichend verstanden werden, wenn der Betrachter die Bedeutung des Fujiyama als des heiligen Berges Japans nicht kennt: Der Gegensatz von äußerster Gefahr, wie sie in der wie mit einer Kralle drohend zupackenden Woge dargestellt ist, und dem Verhalten der Menschen, die ihre Boote dem wilden Element überlassen, wird in seinem Sinn erst verständlich, so auch die Komposition von naher Gefahr und fernem Berg erst durchschaubar, wenn die majestätische Ruhe des fernen Berges, seine Form und sein Ort im Bilde richtig gedeutet werden. Solche für das Verständnis der Bilder unerläßlichen Informationen bieten die Erläuterungen, die der Bildmappe beigegeben sind.

Die Aufgabe des Schülers bei der Bildbeschreibung ist es, das Bild so zu beschreiben, daß der Leser über die sprachliche Vermittlung eine Vorstellung davon gewinnt. Dabei ergeben sich vor allem zwei Darstellungsprobleme, die zwar bei jeder sprachlichen Darstellung eine Rolle spielen, bei der Bildbeschreibung aber in besonders vorteilhafter Weise hervortreten. Es ist dies das Problem der Organisation der Darstellung im ganzen (des Aufbaus) und das der sprachlichen Genauigkeit im einzelnen.

1. *Das Problem der Organisation einer Bildbeschreibung (Aufbau)*

Zu seiner Lösung gibt es keine feste Regel von der Art, man solle etwa eine Dreiteilung des Bildes vornehmen in Vorder-, Mittel- und Hintergrund und dann vom Vordergrund aus beschreiben o. ä. Der Aufbau der Bildbeschreibung ist vielmehr an die Intention des Künstlers und deren bildliche Verwirklichung gebunden.

Vergleicht man z. B. *„Auf der Hirschjagd"* von *Lucas Cranach (7)* mit *Alfred Kubins „Der Keiler" (8)*, so ist trotz der verschiedenen Technik (Gemälde — Federzeichnung) die unterschiedliche Intention beider Maler deutlich, die auf eine ganz verschiedene Naturerfahrung zurückgeht. Während bei Cranach die Spannung zwischen Natur und Mensch so dargestellt ist, daß der Mensch sich als Überlegener zeigt: Erwartet doch der bewaffnete Fürst in Ruhe das heranhetzende, durch das Wasser behinderte Wild; vermochte der Mensch doch Stadt und Burg zu bauen, in denen er der Natur zu trotzen vermag — so bricht bei Kubin der Keiler drohend aus dem Ungewissen, das, selbst konturlos, die Gestalt des Wildes nicht deutlich hervortreten läßt. In der Lichtung (ganz wörtlich) erwartet ihn der Jäger mit dünner Lanze, der Kampf zwischen dem Lichten und dem Dunklen erscheint offen. Bei Cranach ist die Jagd ein Fest, veranstaltet, der Ausgang ist gewiß, die Damen der Hofgesellschaft können als Zuschauer teilnehmen. Bei Kubin ist der Kampf mit dem Keiler eine Auseinandersetzung auf Leben und Tod.

Für den Aufbau einer Beschreibung hat diese Einsicht in die Intention einer Darstellung zur Folge, daß bei Cranach am besten von der Organisation der Jagd und dem darin sich ausdrückenden Überlegenheitsbewußtsein des Menschen auszugehen wäre, bei Kubin von dem (symbolischen) drohenden Dunkel des Ungewissen im Gegensatz zum Licht.

Dieses Beispiel kann zugleich deutlich machen, daß bei der Bildbeschreibung, die nicht kunstunterrichtliche Facharbeit ist, auch ein Aufbau nach dem Schema Inhalt — Form — Farbe als unzureichend gelten muß. Vielmehr dienen die Beschreibungen von Farbe und Form in allen Teilen der Bildbeschreibung als Belege für die deutende, sprachliche Nachgestaltung der Bild-Wirklichkeit; der Gegensatz Hell-Dunkel auf der Federzeichnung Kubins ist ein Beispiel dafür, wie die angewandte Technik funktional auf den Bild-Sinn hin betrachtet werden muß.

Der Aufbau der Bildbeschreibung geht also vom kompositorischen Schwerpunkt aus und folgt den Spannungen, die im Bilde zu erkennen sind. So stellen auf dem Bilde von *Konrad Witz (3)* Christophorus und das Kind den kompositorischen Schwerpunkt dar, die Spannung liegt in dem Gegensatz von segnend-erhebender Gebärde des Kindes und schutzsuchend-stützender Gebärde des Mannes. Stab und Figuren stehen dabei in formalem spiegelbildlichem Gegensatz, ebenso das warme, nach vorne holende Rot und das kühle, entfernende Blau. Und während dieses in die weite Ferne der Natur führt, taucht jenes in dem Dach des bergenden Kirchleins in der Menschenwelt noch einmal auf.

Ganz anders dagegen die Darstellung der Gefahr auf dem Kupferstich des *Meisters des Calvarienbergs (4)*. In Leserichtung (von links nach rechts) verweisen die Lanze des laufenden Mannes und die des Ritters zielsicher auf den Drachen, der bereits getroffen ist. Im vielfältigen Spiel der Bewegung in Kampfesrichtung und Gegenrichtung, das die verschiedenen Tiere darstellen, wird die Dramatik des Kampfes gespiegelt, dadurch noch unterstützt, daß oberhalb des Kampffeldes, das die Felskante begrenzt, Frieden, Ruhe, Zuversicht herrschen. Auch hier werden wir vom kompositorischen Zentrum, dem Kampf St. Georgs, zur Spannung zwischen der Gefahr und der Gewißheit geführt, daß die Gefahr überwunden werde (die betende Jungfrau neben dem friedlich grasenden Schaf, die furchtlosen Tiere im Vordergrund): legendäre Bilder beide, in denen die unvermeidliche Drohung zugleich als gefährlich und überwindbar erscheint.

2. *Die sprachliche Genauigkeit in der Bildbeschreibung*

Die Genauigkeit einer Bildbeschreibung, die im Medium der Sprache die Bildwirklichkeit wiedergeben soll, muß semantisch durch die richtige Wortwahl und syntaktisch durch die Wahl entsprechender Formen von Sätzen und Wortverknüpfungen erreicht werden.

a) Das treffende Wort und der verdeutlichende Vergleich

Dabei geht es zunächst um eine Ausdrucksübung, bei der die Übung am Bild den Vorteil gegenüber anderen Übungen bietet, daß die Möglichkeiten, die angeboten werden, besser zu prüfen sind; weil das Bild sich nicht verändert, ist das leichter möglich. Die Aufgabe könnte z. B. sein: Wie kann man den Gesichtsausdruck des *Rutenbinders von Hans Brüggemann (20)* treffend beschreiben? Zur Beantwortung dieser Frage bedarf es zunächst des Sammelns der sprachlichen Möglichkeiten, also der Wörter verschiedener Wortarten, die den Gesichtsausdruck eines Menschen zu beschreiben vermögen. Es bedarf aber auch einer Prüfung dieses Gesichtsausdrucks am bildlichen Kontext. Die Möglichkeiten „gequält“, „vor Schmerz stöhnend“, „mit verächtlich verzogenen Mundwinkeln“ müssen zurücktreten, damit deutlich bleibt, daß der Rutenbinder weniger Schmerz empfindet, sondern eher angestrengt arbeitet und durch diese Anstrengung zu der Mimik und Gestik veranlaßt wird, die Hans Brüggemann dargestellt hat. Der doppelte Ausgang: in Richtung auf die sprachlichen Möglichkeiten und in Richtung auf die dargestellte Wirklichkeit ist bei der Bildbetrachtung deshalb besonders günstig möglich, weil die gegenüber nicht gestalteter Wirklichkeit freie Interpretationsmöglichkeit beim Bilde durch die Intention des Künstlers begrenzt ist, so daß die Übereinstimmung in der Sache bei verschiedenen Beobachtern leichter erreichbar ist. Damit wird es auch leichter zu prüfen, ob der sprachliche Ausdruck treffend ist, weil nur noch auf dieser Seite, der Seite der sprachlichen Ausdrucksmöglichkeiten, individuelle Differenzen erscheinen.

Ganz offenbar handelt es sich bei dem Rutenbinder um einen Mann, der im Augenblick äußerster Anstrengung dargestellt ist, in dem er mimisch im Gesicht mitvollzieht, was der ganze Körper leistet. Wenn das vom Betrachter verstanden ist, dann versucht er gar nicht mehr, mit einem Wort den Mund zu beschreiben, sondern ordnet diese Beschreibung ein in den Zusammenhang seiner Darstellung, etwa so: „Mit aller Kraft sucht er das Rutenbündel zu schnüren. Die ziehende Bewegung nach oben hat den ganzen Körper ergriffen, sogar Kinn und Mund sind verzogen und spiegeln die Anstrengung."

Ein anderes Beispiel mag diese Spracharbeit verdeutlichen. Aufgabe soll sein: Wie wird die Fahne am *Narrenschiff des Hieronymus Bosch (5)* am treffendsten beschrieben? Beim Betrachten fällt auf, daß in ihr ein Moment der Bildgestaltung besonders deutlich angeschaut werden kann: daß das Bild nämlich erstarrte Geschäftigkeit zeigt; alle Narren auf dem Schiff tun etwas, und doch sieht man kein Ziel ihrer Handlungen bzw. nur sinnlose, wie das Herabnehmen eines gebratenen Huhnes oder einer gebratenen Gans vom Mastbaum, wo sie (sinnlos doch) angebunden waren. Die Gestaltung der Fahne könnte sprachlich mit dem Vergleich wiedergegeben werden, sie wirke erstarrt, eingefroren, wie ein Schnörkel in der Schrift, der schön ist, aber ohne Sinn.

Es soll hier nur andeutend darauf verwiesen werden, wie gerade Bildbeschreibungen die Genauigkeit in der Bezeichnung von Farben schärfen können, wie gerade Bildbeschreibung die sprachliche Leistung genauer, auch umschreibender, Wiedergabe von Farbtönen fördern kann.

b) Satzform und Wortverknüpfung

Die bildnerische Intention des Künstlers bestimmt den Grundgestus seines Bildes, wie er durch Farben und Formen und deren Beziehung aufeinander ausgedrückt wird. *Umberto Boccionis* Bild *(13)* ist in seinem Grundgestus bestimmt von einer Erfahrung, die in der deutschen Sprache wiedergegeben werden könnte mit den Wendungen: „Es dringt etwas auf mich ein, es stürzt sich etwas auf mich, etwas überfällt mich." Dieses Eindringen, Stürzen, Überfallen hat Boccioni neben anderen durch das Mittel der Wiederholung (der Häuserformen am Bildrand rechts), des räumlichen Nebeneinanders des nicht Zusammengehörigen (Häuser, Balkons, Männer, Stangen, Pferde) und durch perspektivische Verschiebung erzeugt. Diesen bildnerischen Mitteln entspricht in der Sprache z. B. das syntaktische Mittel der unflektierten Ausgliederung eines Satzteils, die das Gleichgewicht des Satzes verschiebt, etwa in einer Formulierung wie: „aufgelöst, verzerrt, erscheint in Linien, die schräg aufeinander zulaufen, was auf der Straße geschieht." Das räumliche Nebeneinander des nicht Zusammengehörigen könnte sprachlich so wiedergegeben werden: „Da ragen die Stangen der Baustelle ins Haus, Pferde dringen auf den Balkon, wie mit Pfeilspitzen bedrängt das Gelb der Straße die Frauen in den Häusern." Dem bildnerischen Mittel der Wiederholung könnte sprachlich entsprechen: „Haus hinter Haus, Giebel nach Giebel, Fenster auf Fenster, bieten sich die Häuser der Straße den Menschen im Haus."

Bei der Beschreibung des Bildes aus der Manessischen Handschrift *„König Konrad auf der Falkenjagd"* (1) kommt es darauf an, die Bewegung in Jagdrichtung sprachlich wiederzugeben, wie sie durch die diagonale Linienführung dargestellt ist und die durch den Bildrand unterstrichen ist, der hier als Gestaltungsmittel einbezogen ist, denn das Jagen der Hunde bricht sich daran im Sprung und hebt so die Spannung hervor, die im Augenblick des Falkenwurfs auf den Ausgang der Jagd gerichtet ist.

Hinweise auf bildnerische Gestaltungsmittel

Die für die Bildbetrachtung und Bildbeschreibung wichtigen Gestaltungsmittel wurden im Zusammenhang der didaktischen Überlegungen bereits erwähnt. Es sind vor allem:

1. Der *kompositorische Schwerpunkt*, von dem aus es seine Ordnungen entdecken läßt, sich das verborgene Thema des Bildes dem Verstehen akzentuiert. Dieser Punkt kann, muß jedoch nicht mit der optischen Mitte zusammenfallen, ja es kann neben der kompositorischen noch eine vordergründig vom Thema her angelegte Mitte geben. Die moderne Kunst bevorzugt oftmals die exzentrische Lage des Schwerpunkts.

In der kompositorischen Mitte treffen sich die von den Bildgrenzen ausgehenden Bewegungen, vor allem die eigentlichen Lesebewegungen von rechts nach links, unten nach oben und umgekehrt. Diese Richtungen sind auf dem Bild immer noch, was sie einst für die Weltorientierung überhaupt waren, eigentümliche Charaktere, „Orte", die mit fundamentalen, allerdings in sich ambivalenten Bedeutungen besetzt sind. Im nichtmanieristischen Bild ist die Mitte der Ort, wo sich der Betrachter mit dem Bild am tiefsten einläßt, wo er sich geradezu mit ihm identifiziert. Die davon ausgehenden und dort auftreffenden Richtungen sind zugleich die, die auch ihn in seiner Welt „orientieren". Hier gehen die entgegengesetzten Bewegungen ineinander über, wird rechts zu links, oben zu unten usw.

2. Schon die erste Sichtung der thematischen, kompositorischen und farblichen Elemente läßt *Spannungen* entdecken, auf denen ein Bild aufbaut. Elementar ist z. B. die Spannung in *Cranachs „Hirschjagd"* (7) zwischen der festen Inselscheibe und der zersplitternden Rudel„scheibe" der gejagten Hirsche. Die beiden Phasen unangreifbaren und bedrohten Daseins erscheinen so zeichenhaft im Bild.

Auf dem Bild von *Konrad Witz* (3) sehen wir die Spannung zwischen Rot (Symbol der Macht) und Blau (Symbol der Transzendenz); zwischen der balancierend-sorgenden Handbewegung des Riesen und der segnenden des Kindes, die beide auch im Bild deutlich aufeinander bezogen sind; zwischen der rein durchlaufenden Diagonalen von links oben nach rechts unten (vom Kirchlein über die Felsenspitze und die Rückenlinie des Christophorus) und der gebrochenen von rechts oben nach links unten von der Felskante herab zum Stab es Chistophorus, der noch einmal in sich gebrochen ist; zwischen der von den Wellen umkreisten Nähe des Geschehens und der parallel geleiteten Tiefenerstreckung in der oberen Bildhälfte usw.

Die Bilder sind in sich „dialektisch", oder einfacher: ihre Elemente sind schon in der Auseinandersetzung begriffen, der Betrachter braucht nur ihre Sprache zu erlernen.

3. Das *Bildformat* — hoch, breit, quadratisch — bestimmt die Aussage mit. Das fast quadratische Format des Christophorusbildes von *Konrad Witz (3)*, das als Typ eines Andachtsbildes in einer sich langsam säkularisierenden Welt anzusehen ist, untertützt die Konzentration auf die Mitte.

Auf solchen meditativ eingestellten Bildern spielt die *Viererorientierung* oftmals eine wichtige Rolle. Während die Richtungen rechts, links, oben, unten anziehenden und abstoßenden, lähmenden und aktivierenden, transitorischen oder beharrenden Bewegungscharakter haben, dienen die vier durch die Diagonalen aufeinanderbezogenen Ecken der zuverlässigen „Orientierung", der Stabilisierung des Bildgebäudes. Für das Christophorusbild von Witz ist es höchst aufschlußreich, wie die „modernere" Tiefenbewegung oben, die den älteren Andachtsbildern mit ihrem dimensionslosen Goldgrund unbekannt war, in Spannung steht zur flächigen Diagonalordnung mit dem religiösen Zentrum.

4. Mit der Entwicklung zur *Zentralperspektive* tritt eine Bildbewegung auf, die auf den bisher berührten, zeichenhaften Bildern kaum von Belang war: die in die Tiefe. Während das in der Fläche gearbeitete Bild dem Beschauer seine Subjektivität abnimmt, ihn zur betrachtenden, die Mitte umkreisenden (medies — meditativ) Haltung bringt, wird nun der Abstand zwischen bildnerischer Erscheinung und Betrachter mitgemalt. Das Bild wird „Erscheinung", die nach Ort und Zeit individualisiert sein kann, für einen „Zuschauer".

Erst hier wird die Überschneidung von Bildinhalt und Bildrahmen bedeutsam — der Ausschnitt, der Augenblick und die Endlosigkeit (von Raum und Zeit) zeigen sich an. Zugleich verselbständigen sich die Linien, Fluchtpunkte, Schnittpunkte usw. in ihrer gegenseitigen Ordnung und die Beziehung zum Bildrand vom Inhalt: der absoluten geometrischen Proportion, der optischen Harmonie wachsen im Zeitalter Keplers und Galileis und der Renaissance Platos metaphysische Bedeutsamkeit und Würde zu, ein Vorgang, der nichts mit der geistlosen Abbildnerei späterer Epochen zu tun hat und erst in der abstrakten Kunst Mondrians oder Klees wieder Entsprechungen findet. Die Säkularisation hatte immer ihre metaphysischen Kehren.

Dazu gehört auch die der perspektivischen Malerei alsbald sich aufdrängende Arbeit mit dem Licht und das Problemwerden der Farben (die im älteren Bild, vor allem dem religiösen, realsymbolische Stabilität hatten, vgl. K. Witz). Aus neuplatonischen Reminiszenzen gespeist, tritt die Lichtmetaphysik beherrschend ins Bewußtsein. Rembrandt ist uns das geläufigste Beispiel dafür. Licht als Bote aus dem Unsichtbaren wird erst an den Dingen reflektiert sichtbar (wie der Kampf von Licht und Dunkel in moderner Kunst wiedererscheint, zeigt das Beispiel Kubins [8]).

5. Durch die Überblendung des alten symbolträchtigen Weltbildes durch das neuzeitliche „unendliche", d. h. nicht mehr „orientierbare" Weltmodell werden in den Bildern, die ganz auf der perspektivischen Tiefenbewegung gründen, die gestischen Momente rechts=links, oben=unten usw. geschwächt, doch nicht ganz unwirksam, weil sie in Tiefenschichten des menschlichen Wesens verankert sind. Die Kunst spiegelt zwar die herrschende Kosmologie, folgt aber darunter auch unentwegt den *eigenen Gesetzlichkeiten* der Fläche, der graphischen Linie, der Beziehungen der Farben untereinander und zur Fläche, der Lese=ordnung usw. Die Regeneration der Kunst geschah auf diesem Boden.

6. Je weniger Kunst auf bloßes Abbilden aus ist, je inniger sie dem Geist verbunden und also zeichenhaft ist, desto ungehinderter können sich *Linien und Farben* ausarbeiten und *als Ausdrucksmedien* dienen. „Zeichen" und „Aus=druck" stehen nur für den im Widerspruch, der den Darstellungswunsch in der elementaren Expression verkennt. Jenseits der alten religiös tradierten Farb=symbolik wird freilich die Entzifferung des Farbsinnes immer nur annähernd gelingen und mit jedem Bild neu beginnen müssen. So augenscheinlich die Farbe die bildbeherrschenden Spannungen und Entsprechungen anzeigen kann, der Sinn der jeweiligen Farbgebung selbst erschließt sich erst einem späten Stadium der Betrachtung mit Hilfe thematischer und kompositorischer Indizien. Die sinnliche Unmittelbarkeit und intuitive Gewißheit des Farbsinnes ist der Versprachlichung unzugänglicher als die dialektischeren Elemente der Bewe=gungen, Beziehungen, Spannungen, Themen, zumal wenn man sich nicht mit Synästhesien wie warm und kalt, laut und leise zufriedengibt.

Die graphische Linie ist das Element, in dem sich die Individualität des Künstlers, sein Atem, sein innerster Impuls am unmittelbarsten kundgeben. Die Komposition kann geplant, mit Hilfe von Maßordnungen und Experimen=ten ermittelt werden; der Pinselstrich, die Linie gehen direkt aus der Hand hervor und zeigen noch die unbewußten, verborgenen Erregungen an. Auch für die Malerei ist das graphische Moment wesentlich, nicht nur als Linie sondern vor allem als Feinstruktur der Pinselstriche, die im Widerspiel zu den kompositorischen Formen dem Bild erst seine Unabschließbarkeit geben. Leider gehen diese Werte in der Reproduktion verloren.

Deshalb sollte ein Besuch in der Bildgalerie am Ort zur Ergänzung der Bild-betrachtung nach Reproduktionen, möglichst in Begleitung des Kunsterziehers, durchgeführt werden.

7. Da die angewandte *Technik* (Gemälde, Aquarell, Zeichnung, Kupferstich, Holzschnitt usw.) für die Formgebung des Bildes konstitutiv ist, ist es für die Bildbeschreibung von großem Vorteil, wenn die Schüler einfache Kenntnis über die bildnerischen Techniken und ihre Gestaltungsmöglichkeiten besitzen. Deshalb sollte der Deutschlehrer den Kunsterzieher in dieser Frage um Hilfe bitten.

Zur Methode der Bildbeschreibung

Es wird immer Sache des Lehrers sein, behutsam vom Gegenstand her auf das in den Bildgesten und -beziehungen Ausgedrückte hinzulenken. Dabei empfiehlt sich im allgemeinen ein dreistufiger methodischer Aufbau.

1. *Betrachtung.* Sie ist eine Form stiller Selbstbeschäftigung. Ihr genügend Zeit einzuräumen, ist wesentlich, weil der Betrachtende in ihr mehrere Aufgaben zu erfüllen hat. Er muß den Bildinhalt genau erfassen, die Frage: Was ist dargestellt? beantworten. Zugleich muß er die Ordnung des Bildes zu verstehen suchen, indem er fragt: Wie ist das Was dieses Bildes gestaltet? Dabei wird das Verlangen, Ungewöhnliches mitteilen und klären zu wollen, bisweilen groß sein (warum z. B. auf Bildern der Manessischen Handschrift (1) die Größe der Figuren verschieden sei oder die Mauer unter einem Wehrgang fehle o. ä.). Doch sollte er Unterrichtende darauf achten, daß während der Betrachtung nicht gesprochen wird. Der Betrachter muß sich vor dem Bilde sammeln und so dem Werk gegenüberstehen. Die Wichtigkeit dessen kann nicht genug hervorgehoben werden. Die Dauer dieser ersten Stufe wird wesentlich vom Alter der Schüler abhängen; das Mitteilungsbedürfnis der Unterstufe verlangt eine gewisse Beschränkung.

2. *Mitteilung.* Nach angemessener Zeit kommen die zurückgestellten Wortmeldungen zur Geltung. In freiem Unterrichtsgespräch wird zunächst der Bildinhalt festgestellt und Gelegenheit zu Ergänzungen geboten. Entscheidend ist die folgende Formbetrachtung, in deren Verlauf der Lehrer manche Hilfe und Anregung geben kann. Dabei wird der Rückgriff auf das Bild immer von neuem nötig sein. Denn die Schüler werden oft versuchen, ihren Eindruck durch willkürliche Bildinterpretation zu belegen. Behutsame Einführung in das Lesen des Bildes, in das Verstehen der Bildgestik kann allein dahin führen, daß der Schüler bereit ist, einen ersten, oft gefühlsmäßigen Eindruck am Bild zu korrigieren. Zugleich lernt er verstehen, daß die verbreitete Auffassung von der grenzenlosen Freiheit des Ich gegenüber dem Kunstwerk nicht gelten kann.

3. *Gestaltung.* Die sprachliche Gestaltung der eigentlichen Bildbeschreibung wurde oben bezüglich der Organisation der Bildbeschreibung und der sprachlichen Genauigkeit im einzelnen bereits dargestellt. Deshalb seien hier lediglich noch einige methodische Veranstaltungen genannt, die die sprachliche Arbeit an der Bildbeschreibung unterstützen können:

a) Der *Vergleich.* Vor allem der Vergleich motivgleicher Bilder erleichtert den Schülern zu sehen, wie beim Bild Farbe und Form an der Bildaussage beteiligt sind. Bei der mündlichen und schriftlichen Darstellung erleichtert der Vergleich die Formulierung, weil er über die Unterschiede in der Sache das sprachliche Mittel des Gegensatzes provoziert, das Wortschatz und Satzformen aktiviert.

b) *Wortfeldübungen.* Die Benennung des Gesehenen führt zur Zusammenstellung möglicher Benennungen von Gegenständen, Haltungen, Farben und Formen. Deren Anordnung in Reihen und Feldern verdeutlicht Annäherung oder Entfernung vom Gesehenen und stellt diese Möglichkeiten so funktional in den Zusammenhang der Gestaltungsaufgabe.

c) *Syntaktische Übungen* der Art, daß — mündlich und schriftlich — einfache syntaktische Möglichkeiten ausprobiert werden, z. B. dieselbe Aussage als Attribut und Relativsatz, in einem Satzgefüge oder einer Satzverbindung, als nicht flektiertes Partizip oder als Gliedsatz.

d) Übungen zur *Organisation einer Bildbeschreibung,* indem z. B. verschiedene Formen des Beginns ausprobiert werden, die Hinführung zum Höhepunkt geübt und Möglichkeiten des Schlusses versucht werden.

e) *Stilistische Übungen,* in denen elementare Stilmittel erprobt werden wie Wiederholung, Antithese, Parallelismus. Die Überprüfbarkeit ihrer funktionalen Angemessenheit läßt solche Übungen gerade bei der Bildbeschreibung besonders empfehlenswert erscheinen.

Es liegt viel daran, daß der Unterrichtende sich die Zeit nimmt, auf stilistische Einzelheiten vorgelegter Arbeiten und mündlicher Versuche einzugehen, daß detaillierte Arbeit auch einmal an der Arbeit eines Schülers oder an einem Abschnitt bis zur größtmöglichen Übereinstimmung zwischen bildnerischer und sprachlicher Form versucht wird. Diese gemeinsame Arbeit der Klasse an einer einzelnen, begrenzten Stelle ist bereits auf der zweiten Stufe, der mündlichen Auseinandersetzung mit dem Bild, zu pflegen, bei den schriftlichen Arbeiten später zu wiederholen.

Es wird die Bedeutung der Bildbeschreibung für den Deutschunterricht sichtbar. Da sie von ‚gestalteter Wirklichkeit' ausgeht, die in sprachlicher Gestaltung sich spiegeln soll, zwingt sie zu einer Härte stilistischen Bemühens, wie sie andere Aufsatzformen kaum fordern. Soll die Bildbeschreibung gelingen, dann ist es nötig, daß der Lehrer sich selbst, unabhängig davon, wie weit die Klasse auf diesem Weg wird gelangen können, die Dramatik des Bildes erschließt. Die Erläuterungen, die den Bildern in der Bildmappe beigegeben sind, wollen ihm dabei helfen.

Handreichungen für den Deutschlehrer

Von der Erlebniserzählung zum Problemaufsatz
3500 Aufsatzthemen. Von Dietrich Wolf und Dorothea Klotz (Bestell-Nr. 566)

Prosatextbetrachtung
Ein Beitrag zur schriftlichen Arbeit im Deutschunterricht der Klassen 10 bis 13.
Von Wilfried Klute (Bestell-Nr. 567)
Dazu Textheft für Schüler (Bestell-Nr. 5671)

Kommunikation - Sprache - Text
Aufgaben für Klassenarbeiten, Tests und Schulversuche auf der Sekundarstufe II.
Von Wilfried Klute (Bestell-Nr. 557)

Diktattexte für das 5. bis 8. Schuljahr
Von Dietrich Wolf und Lothar Müller (Bestell-Nr. 568)

Diktate und Nachschriften
Von Rolf Hanisch (Bestell-Nr. 2191)

Grundbegriffe der Literatur
von Dr. Otto Bantel (Bestell-Nr. 500)

Das Nibelungenlied
Stoff — Form — Ethos. Von Prof. Dr. Bert Nagel (Bestell-Nr. 336)

Handbuch zur modernen Literatur im Deutschunterricht
Prosa — Drama — Hörspiel
Herausgegeben von Dr. Paul Dormagen, Fritz Gieselmann, Franz Hebel, Friedrich G. Hoffmann, Werner Klose, Erich Pawlu, Wolfgang Pülm, Dr. Elisabeth Seidler - v. Hippel, Dr. Günter Waldmann (Bestell-Nr. 333)

Moderne Lyrik im Deutschunterricht
von Manfred Seidler (Bestell-Nr. 334)

Distanz zur Sprache - Linguistische Theorie und experimentelle Dichtung
von Ingeborg Sültemeyer (Unterrichtsmodell für den Kursuntereicht der Sekundarstufe II, Text- und Arbeitsheft, Bestell-Nr. 5003, Lehrerheft, Bestell-Nr. 5004)

Literarische Wertung und ästhetische Kommunikation
von Jutta Wermke (Unterrichtsmodell für den Kursunterricht der Sekundarstufe II, Text- und Arbeitsbuch, Bestell-Nr. 5001, Lehrerheft, Bestell-Nr. 5002)

CA IRA. Deutsche politische Lyrik vom Mittelalter bis zum Vormärz
von A. Binder und Dietrich Scholle (Unterrichtsmodell für den Kursunterricht der Sekundarstufe II. Teil I: Unterrichtsmodelle und Analysen, Bestell-Nr. 5005, Teil II: Text- und Arbeitsbuch, Bestell-Nr. 5006)